# HACKING ÉTICO

*Guía completa para principiantes para aprender y entender los reinos del hacking ético*

# Tabla de Contenidos

# Introducción

Felicitaciones por la compra de su propia copia de *Hacking ético: Una guía completa para principiantes para aprender y entender los reinos de*l hacking ético. El propósito de este libro es revelar una manera divertida y fácil de aprender cómo realizar pruebas de penetración y convertirse en un buen hacker ético.

Aprender a hackear y trabajar con todo tipo de herramientas de pruebas de penetración puede ser intimidante. Hay una gran cantidad de teoría técnica detrás del hacking que implica aprender acerca de una variedad de sistemas operativos, así como herramientas. Este libro se centra en este tema y busca ayudar al lector a desarrollar una base sólida sobre la que más tarde pueden dominar el arte del hacking.

El objetivo principal del *Hacking ético: Guía completa para principiantes para aprender y entender los reinos del hacking ético, Hacking* es guiarte en cada paso del camino con explicaciones claras sobre la metodología detrás de las pruebas de penetración y hacking ético. Puede parecer abrumador al principio, sin embargo, la teoría se explica a través de ejemplos claros que están destinados a los no iniciados.

Con el fin de obtener el máximo provecho de este libro, usted debe practicar los ejercicios y ejemplos junto a él. Cada capítulo le guía a través de cada proceso detrás del hacking ético y le ofrece suficiente información para ayudarle a experimentar por su cuenta. Por favor, tenga en cuenta que este no es un tema que se puede aprender sin práctica. El objetivo de este libro es ayudar a todos los aspirantes a hackers a empujarse y aprender de una manera fácil y simplificada.

# Capítulo 1

## Hacking ético y ciberderecho

Antes de sumergirse en el mundo de la ciberseguridad, es importante entender lo que realmente es un hacker. Hay tantas definiciones como hackers, y esto es en parte gracias a los medios de comunicación que colocan un foco en ciertos hackers o grupos de hackers como "Anónimo". Por ejemplo, en los años 90, la palabra "hacker" a menudo se utilizaría para describir a un programador talentoso que pudiera encontrar soluciones creativas a problemas complejos. Hoy en día, la imagen común del hacker es la de un criminal robando la información de su cuenta bancaria. Como pueden ver, hay una discrepancia masiva aquí. Un término una vez positivo se convirtió en uno negativo que se asocia con el crimen.

Esta es la razón por la que es importante desglosar el término "hacker" en tipos y entender completamente de qué se trata la piratería. Estos son los tres tipos principales de hackers:

1. **Hacker Sombrero Blanco**: Son los buenos chicos. Un hacker sombrero blanco es generalmente un especialista en seguridad cibernética que es contratado por una organización para probar su seguridad y encontrar vulnerabilidades dentro del sistema. Este tipo de hacker opera sólo con el permiso completo de la parte que contrata y nunca tratará de beneficiarse de descubrir información confidencial.

2. **Hacker sombrero negro**: Esto es conocido como el chico malo. Otra palabra para este tipo de hacker es "cracker". Un hacker sombrero negro utilizará sus habilidades para atacar y explotar vulnerabilidades para beneficio personal. Es exactamente lo contrario del hacker de sombrero blanco, y esto es lo que los medios de comunicación se refieren como un "hacker".

3. **Hacker sombrero gris**: Como su nombre indica, este tipo de hacker opera en algún lugar entre los otros dos. De forma similar a un hacker sombrero blanco, el sombrero gris no buscará explotar ilegalmente la vulnerabilidad del sistema y

no le dirá a otros cómo hacerlo tampoco. Sin embargo, podría operar sin permiso. Los hackers de sombreros grises no quebrantan la ley como los sombreros negros. En su lugar, usarán sus conocimientos para encontrar vulnerabilidades dentro del sistema de alguien y luego intentarán vender esa información. El área legal es tan gris como este tipo de hacker, porque los sombreros grises argumentan que violan la ley sólo con el propósito de llevar a cabo la investigación y mejorar la seguridad. Los hackers de sombrero gris también se pueden encontrar para alquiler, porque algunas empresas quieren probar su seguridad sin el conocimiento de los empleados. En este caso, el hacker informará de todos sus  hallazgos, pero llevará a cabo operaciones cuestionables sin el conocimiento de ciertas personas.

Como se puede ver en este desglose, no todos los hackers son iguales. Algunos operan plenamente dentro de la ley y el espíritu de ética, algunos trabajarán sólo para beneficio personal o con intención maliciosa, mientras que otros navegarán por la línea fina en el medio. Con esto en mente, en este capítulo continuaremos explorando el significado detrás de la hacking ético y el auge de la ciberley. Es fundamental entender a su futuro enemigo, el proceso de hacking ético y el lado legal de todo.

## Entender a tu enemigo

Con el fin de crear una defensa, primero es necesario entender la forma en que los hackers criminales piensan y cómo se planean sus ataques. No probar sus defensas contra todo tipo de amenazas puede dejarte expuesto, y no quieres que los hackers de sombrero negro sean los que hacen las pruebas.

En la última década, las cosas han cambiado significativamente en el mundo de la seguridad cibernética, especialmente en la comunidad criminal. Los hackers criminales utilizados para violar los sistemas de seguridad y explotar las vulnerabilidades por el bien del desafío por sí solos. En otras palabras, la mayoría de ellos lo hicieron por diversión porque consiguieron una emoción de ella. Hoy en día, estos hackers han sido reemplazados por atacantes con motivación financiera que buscan ganar una gran cantidad de dinero de sus operaciones ilegales.

Además de estos hackers orientados a los beneficios, también hay grupos políticamente motivados que generalmente se conocen como hacktivistas. Sus ataques se realizan por ideales políticos o en nombre de la libertad de expresión, y emplean métodos legales e ilegales. Estos piratas informáticos a menudo operan en un área gris, éticamente cuestionable, sin embargo, la preparación para cualquier ataque potencial es importante. Una brecha de seguridad puede ser perjudicial incluso si no se ha hecho ningún daño financiero. Como especialista en seguridad cibernética, no desea exponer ningún tipo de datos a nadie, porque es difícil determinar sus motivaciones.

## *Reconocer el peligro*

La mayoría de los hackers operan bajo el radar, por lo que es extremadamente difícil reconocer su ataque. Muchos programadores y administradores de red piensan al principio que tales brechas de seguridad son fáciles de notar, pero la verdad es que sólo los ataques de denegación de servicio son obvios. Los hackers expertos saben cómo pasar desapercibidos por los dispositivos de seguridad. Esta es la razón por la que necesita reconocer los diferentes tipos de ataques y cómo funcionan con el fin de notarlos a tiempo.

Con el fin de reconocer el peligro en el tiempo, incluso necesita saber cómo es la preparación para un ataque. Por ejemplo, un administrador de red con conocimiento de los intentos de piratería puede detectar el peligro con días de antelación. ¿Cómo? Ellos podrían notar un barrido de ping en algún momento, y después de un día o dos un escaneo de puerto. Estas son señales claras de que alguien podría estar preparándose para un ataque. Muchas otras actividades de este tipo pueden ofrecer pistas de un ataque días o incluso semanas antes de que ocurra el intento de violación de seguridad.

Usted podría argumentar que hay varias herramientas que pueden señalar tales ataques para usted. Incluso pueden tomar una decisión en su lugar. El problema es que el software podría no hacer la llamada de juicio correcta no importa cuánto mejor que un humano cuando se trata de realizar cálculos. Esta es la razón por la que también debe familiarizarse con las herramientas de hacking, porque se pueden utilizar para la defensa, así. En otras palabras, tanto los buenos como los malos usan lo mismo. Es por eso que necesitas entender la mentalidad del atacante y aprender a atacar para poder defender.

## El proceso de hacking ético

Las empresas y organizaciones necesitan probar la seguridad de su sistema y averiguar qué tipo de daño puede causar un atacante. Esta es la razón por la que emplearán a un hacker ético, también conocido como probador de penetración. Al simular un ataque real sin causar ningún daño, el hacker revelará vulnerabilidades y permitirá a los empleadores protegerse mejor. Las técnicas serán las mismas que las utilizadas por el atacante, y tanto los clientes, como el probador de penetración, necesitan entender completamente el proceso de hacking ético. Todas las actividades y pasos deben ser claramente comunicados con el fin de evitar malentendidos y para suavizar todo el proceso. Independientemente del propósito de su prueba, tendrá que establecer un terreno común con el cliente para que él o ella pueda entender completamente lo que está haciendo y por qué. Sin embargo, antes de explorar todo el proceso, necesitamos entender la diferencia entre las pruebas de penetración y la evaluación de vulnerabilidad, porque a menudo se confunden entre sí.

El objetivo de una evaluación de vulnerabilidades es obtener una gran cantidad de datos que muestra una lista de vulnerabilidades y explica lo que se debe hacer para solucionar cada brecha en el sistema. Entonces, ¿cómo obtenemos una evaluación de este tipo?

En primer lugar, se utiliza una herramienta de análisis automatizado para examinar los puertos y servicios en cualquier rango determinado de direcciones IP. Este tipo de software también se utilizará para sondear el sistema operativo, varias aplicaciones y sus niveles de parches, cuentas de usuario que tienen acceso al ordenador y así sucesivamente. Todos los resultados se comparan automáticamente con las vulnerabilidades conocidas que existen en la base de datos del producto. Esto podría hacer que todo el proceso parezca fácil como si estuviera totalmente automatizado con la ayuda de herramientas de escaneo, sin embargo, ese no es el caso. Si bien el proceso de evaluación concluye la gravedad de las vulnerabilidades, no puede evaluar el impacto. El análisis de vulnerabilidades sólo revelará qué software o parte del sistema operativo es susceptible a explots. Esta es la razón por la que se requiere pruebas de penetración como el siguiente paso.

La prueba de penetración buscará explotar las vulnerabilidades y obtener acceso a información confidencial. Muchas veces los escáneres de vulnerabilidad también darán un falso positivo al realizar comprobaciones invasivas, y luego la prueba de penetración se utiliza para confirmar los hallazgos de la exploración. Sin embargo, este proceso no se detiene en la detección de vulnerabilidades. Los probadores de penetración saltarán de un sistema a uno hasta que obtengan acceso completo a los datos. ¿A qué nos referimos como "acceso completo"? El objetivo del probador es explotar las vulnerabilidades con el fin de entrar en el sistema y obtener el control de él. El propósito final es tener los mismos privilegios que el administrador de ese entorno. Por lo tanto, la prueba de penetración revelará al probador y al cliente lo que un verdadero hacker con intención maliciosa podría hacer y qué tipo de daño pueden causar. Pero, ¿cómo se demuestra el impacto de un ataque de este tipo por parte del probador de penetración?

Durante el ataque simulado, el probador buscará los mismos tesoros que lo haría un atacante. Por ejemplo, las contraseñas del administrador, la contraseña del CEO de la empresa, los documentos corporativos secretos y los archivos accesibles solo por el nivel ejecutivo superior son todos trofeos valiosos que muestran la vulnerabilidad dentro del sistema y qué tipo de impacto violación puede tener en una organización. Un hacker ético podría intentar explicar todos sus procedimientos y escaneos, pero tales tecnicismos no significarán nada para aquellos que no son expertos en tecnología. Sin embargo, revelar información sensible al liderazgo de la empresa ofrecerá pruebas sólidas que no se pueden dudar. Sólo ten en cuenta que eres un profesional y tu objetivo no es avergonzar al cliente con la información privada que descubres. Usted es un invitado invitado a resolver problemas y hacer que todos se beneficien de sus habilidades.

## Ciberderecho

Solía haber un momento en que el sistema legal estaba separado de todo lo que es tecnología. Sin embargo, con la incorporación de computadoras en todos los aspectos de nuestras vidas, la delincuencia también ha encontrado su camino en el ciberespacio. El sector jurídico tuvo que ponerse al día, y en la última década estos dos sistemas se entrelazaron, lo que llevó al auge de la ciberlegislación. Así que en caso de que este libro te tiente a usar tus nuevas habilidades con intención maliciosa, ten en cuenta que hoy en día hay graves consecuencias legales.

Las empresas y organizaciones de hoy en día también deben preocuparse por sus sistemas digitales y su seguridad. La mayoría de los gobiernos han establecido nuevas leyes y regulaciones que requieren que cada entidad entienda y practique la privacidad y la seguridad de la información. No hacerlo puede conducir a severas sanciones legales además del impacto financiero causado por una violación de seguridad. De la misma manera que las empresas buscan asesores de seguridad, también necesitan encontrar asistencia legal cuando se trata de ciberley. Las agencias de seguridad gubernamentales y los legisladores actualizan constantemente las leyes de privacidad y seguridad. Hay una batalla constante entre especialistas en seguridad cibernética y atacantes que siempre buscan maneras de superarse unos a otros. Esto mantiene al sector de la seguridad en un bucle constante y en constante cambio que ejerce presión sobre el sector jurídico.

Debido a que esta área evoluciona tan rápidamente, el ciberderecho abarca muchos elementos. Tenga en cuenta que millones de personas encienden sus computadoras y teléfonos inteligentes tan pronto como se despiertan, y se conectan a una amplia red de comunicación. La inmensidad de Internet conlleva riesgos potenciales para las empresas que hacen negocios u organizaciones gubernamentales que manejan información privada de los ciudadanos. En otras palabras, la facilidad de acceso permite a los atacantes aprovechar cualquier puerta que encuentren. Esta es la razón por la que el ciberderecho busca regular cómo una empresa maneja su política para el manejo de datos de los empleados, el acceso al sistema, la interacción con el cliente y mucho más. El elemento más importante, sin embargo, es probablemente el conjunto de leyes que buscan prevenir y castigar el uso no autorizado de información privada. Es importante que los especialistas en seguridad cibernética estén familiarizados con estas leyes, porque operan dentro de sus confinamientos. Trabajar fuera del sistema legal, incluso con el propósito de prevenir un delito, puede conducir a consecuencias legales.

Por ahora, no vamos a profundizar en la ciberley, porque ese no es el propósito de este libro. Sin embargo, una vez que gane su sombrero de hacker ético, usted debe familiarizarse con las leyes de seguridad cibernética dentro de su país y / o su estado. Cada gobierno tiene un conjunto ligeramente diferente de leyes que regulan la protección de datos y la información privada, y si usted vive en los EE.UU. también debe comprobar las leyes estatales y no sólo las federales. ¡Usa tus poderes sólo para hacer el bien y operar siempre dentro de los confinamientos de la ley!

# Capítulo 2

# Conceptos básicos de hacking

Ahora que usted está un poco más familiarizado con la hacking etico y la importancia de la ciberley, podemos seguir discutiendo los conceptos básicos que se requieren para entender con el fin de construir una base sólida.

En este capítulo nos centraremos en la terminología utilizada por especialistas en seguridad cibernética y hackers, ya que se encontrará con frecuencia dentro de este libro, y la comunicación es clave para un proyecto exitoso. Una vez que esté familiarizado con la terminología profesional, pasaremos a una discusión más detallada sobre las pruebas de penetración y la metodología detrás de la redacción de informes.

## Terminología

En esta sección, exploraremos brevemente los términos más importantes y frecuentemente encontrados en el sector de la seguridad cibernética. También encontrará esta lista de términos a medida que avanza a través de los capítulos.

1. **Activo:** Los activos se refieren a cualquier dispositivo o componente que se utilice en cualquier actividad que implique el tratamiento de datos e información. Un activo debe protegerse del acceso no autorizado para protegerlo de la manipulación de datos no deseados.

2. **Explotar**: Esto puede ser un programa, un error, o incluso un comando utilizado por los atacantes para encontrar el acceso a los datos o información que buscan dentro del sistema. Un exploit puede ser cualquier cosa que se aproveche de una vulnerabilidad específica dentro de una aplicación o sistema operativo. Causará un comportamiento imprevisto para el activo, y esto creará una brecha que puede ser utilizado por el hacker a su favor.

3. **Precompromiso :** Como hemos discutido en el capítulo anterior, antes de realizar una prueba de penetración que necesita para tener una discusión con el cliente con respecto al proceso y los pasos que va a tomar. El precompromiso se refiere a la fase de preparación en la que se establecen las reglas de compromiso.

4. **Hito**: Estar organizado es un aspecto crucial de ser un hacker ético profesional. Aquí es donde entran los hitos. Se utilizan para dividir el proceso en etapas que están claramente detalladas y asignadas a una fecha de inicio y una fecha de finalización. Puede utilizar gráficos, hojas de cálculo y varios sitios web de programación con el fin de realizar un seguimiento de sus hitos y asegúrese de entregar a tiempo.

5. **Bot**: Este es un tipo de programa que se utiliza para automatizar una determinada acción. Los seres humanos sólo pueden trabajar tan rápido, pero los bots pueden encargarse de las tareas repetitivas mucho más rápido y durante el tiempo que sea necesario.

6. **Ataque de fuerza bruta**: Este tipo de ataque es el tipo más simple, más común y no implica romper computadoras en pedazos como el nombre podría sugerir. Un ataque de fuerza bruta es de hecho un método automatizado de combinar nombres de usuario con contraseñas hasta que se encuentre la combinación correcta. Todo el proceso es

automático, pero puede tomar mucho tiempo debido a un gran número de combinaciones posibles.

7. **Ataque de denegación de servicio**: También conocido como un ataque DoS, este es uno de los ataques más comúnmente encontrados utilizados por muchos hackers de sombrero negro principiante. Este ataque se produce como una forma de interrupción del servidor o servicio de red proporcionado a varios usuarios. Es un método malicioso de negar a los usuarios la conexión a un servicio en línea. Por ejemplo, si estás jugando a un juego en línea, un ataque DoS contra los servidores del juego provocará una desconexión masiva a todos los usuarios.

8. **Registro de pulsaciones de teclas** : Esta es una forma común de grabar las teclas del teclado y los botones del ratón que se presionan en un ordenador. La información se utiliza para revelar nombres de usuario, contraseñas y otra información confidencial. A diferencia de un ataque de fuerza bruta, este método es mucho más rápido cuando se trata de encontrar información de registro. Para que funcione, un keylogger (registrador de teclas es un tipo de software) se inyecta en el ordenador ya sea a través de un correo electrónico con un enlace de Troya que contiene o incluso directamente a través de una memoria USB.

9. **Malware**: Esto se refiere a todos los programas maliciosos que se utilizan en acciones hostiles contra un ordenador o software específico. El malware viene en forma de troyanos,

gusanos, adware, spyware, ransomware y otros virus informáticos.

10. **Phishing**: Este es un tipo de fraude por correo electrónico. La intención es enviar un correo electrónico aparentemente legítimo con el propósito de obtener información privada del destinatario.

11. **Rootkit**: Este es un software que funciona sigilosamente sin el conocimiento del usuario objetivo. Su propósito es ocultar varios procesos que se ejecutan en segundo plano con el fin de mantener el acceso al ordenador. Se utiliza principalmente para mantener una puerta trasera al dispositivo de alguien mientras que también ocultarlo del usuario autorizado.

12. **Inyección SQL**: Otro método común utilizado por los hackers de sombrero negro para obtener datos. Este método implica la inyección de código SQL en cualquier software o aplicación controlada por datos. Por ejemplo, puede ser una instrucción que indica a la aplicación que envíe todos sus datos al atacante.

Hay muchos otros términos que descubrirá a medida que aprende más acerca del hacking. Pero por ahora, esta terminología es suficiente para que usted pueda echar un vistazo a lo que va a tratar.

## Pruebas de penetración

Ya hemos discutido el propósito de las pruebas de penetración y cuáles son sus objetivos como especialista en seguridad. Este proceso no se puede evitar, porque es la única manera de descubrir verdaderamente brechas explotables dentro de un sistema, y por lo tanto necesita familiarizarse con cada paso que necesita tomar. Tenga en cuenta, sin embargo, que su motivación para las pruebas es impulsada por el cliente y los objetivos específicos que quiere lograr.

Antes de comenzar, primero debe establecer las reglas de compromiso. Debe establecer una programación, discutir cada etapa de la prueba, así como la metodología, y establecer las responsabilidades legales. Definir claramente la prueba de penetración suavizará el proceso, mantendrá informado al cliente y lo protegerá de cualquier responsabilidad. Todo debe ser acordado por ambas partes involucradas, así que echemos un vistazo a cómo podría verse este proceso.

### *Reglas de compromiso*

1. Antes de cualquier otra cosa, el hacker y su cliente necesitan firmar un acuerdo de confidencialidad, así como permiso para la piratería. Como especialista en seguridad cibernética, desea estar legalmente protegido de cualquier tipo de liability, así que nunca empiece a hacer nada antes de que los documentos necesarios estén claros para ambas partes y firmados.

2. El siguiente paso es discutir el propósito preciso de la prueba de penetración, así como lo que necesita ser probado. A veces tendrá que probar sólo un determinado sector de una organización, y también necesita saber qué tipo de resultado se espera de usted.

3. Una vez que establezca los objetivos y la duración de la prueba, debe discutir la metodología que utilizará para realizar la prueba. También debe haber una mención de cualquier técnica que el cliente no quiera ser utilizado. Por ejemplo, algunas organizaciones o negocios no quieren que el hacker simule un ataque de denegación de servicio. Esto debe especificarse al establecer las reglas, de lo contrario puede conducir a confusión, retrasos e incluso problemas legales.

4. La regla final del compromiso, que es tan importante como todo lo demás, es decidir sobre las responsabilidades de ambas partes. Como hacker ético, puede acceder a cierta información confidencial, como secretos comerciales de la empresa, detalles de cuentas bancarias o puede causar una denegación de servicio. Los pasivos deben ser claramente discutidos antes de realizar la prueba de penetración.

## *Pruebas de penetración en pasos*

Una vez que las reglas de compromiso están bien establecidas y acordadas por todos los involucrados, es el momento de realizar la prueba en sí. Hay varias metodologías y categorías de pruebas, pero por ahora usted debe aprender las etapas básicas de las pruebas de penetración. Conocer los pasos y trabajar a través de ellos uno a la vez hará que su trabajo sea mucho más fácil, así que vamos a ver cómo se ve una prueba de penetración básica.

1. **Escaneo pasivo:** En esta fase, se supone que debe recopilar información sobre su objetivo sin interactuar con él directamente. El escaneo pasivo se realiza pasando por sitios web de redes sociales, bases de datos en línea, e incluso buscando datos relevantes en un motor de búsqueda como Google.

2. **Escaneo activo:** El siguiente paso es sondear el objetivo con el uso de herramientas especializadas que están diseñadas para la asignación de redes, el tráfico de sniffing, el agarre de banners y más.

3. **Huellas dactilares :** Esto no se refiere a la huella digital física real. En esta etapa, el probador de penetración debe identificar el sistema operativo y el nivel de versión del objetivo, todas las aplicaciones y su nivel de revisión, los puertos abiertos, las cuentas de usuario activas y los servicios.

4. **Identificación de objetivo**: En esta fase, una vez que el probador ha obtenido toda la información relevante sobre el sistema, se elige el objetivo más útil o vulnerable.

5. **Vulnerabilidad Explotación**: Este es básicamente el ataque en sí. Las herramientas de ataque especializadas se utilizan contra los objetivos más vulnerables dentro del sistema. Algunos de ellos tendrán éxito, mientras que algunos de ellos sólo matarán el servidor o simplemente no funcionarán en absoluto.

6. **Escalada de privilegios**: El probador necesita obtener más control, como si fuera el usuario autorizado. El propósito de esta etapa es obtener acceso administrativo al sistema, ya sea local o remoto.

7. **Informes**: Este es el paso final de la prueba de penetración. El hacker ético necesita documentar e informar cada aspecto de la prueba. Esto incluye las herramientas utilizadas, vulnerabilidades explotadas, y todo lo que se encontró, así como cómo se encontró.

Hay otros aspectos de una prueba de penetración, pero por ahora nos apegaremos a lo básico, ya que el propósito de este capítulo es familiarizarte con el mundo del hacking y las pruebas de penetración.

### *Pruebas de penetración realizadas por un hacker poco ético*

Como ya hemos discutido anteriormente, en el sector de la seguridad cibernética es importante entender cómo piensa y opera un hacker poco ético. Por esta razón, echaremos un vistazo a una prueba de penetración desde la perspectiva del sombrero negro y veremos cómo difiere de la prueba ética básica.

1. **Elegir un objetivo**: El hacker poco ético elige el objetivo de un rencor, con fines de lucro, o simplemente por diversión. No hay reglas y regulaciones involucradas. Todo se hace por razones personales.

2. **El intermediario**: El ataque en sí nunca se hace directamente desde el propio sistema del hacker. Se utiliza un sistema intermediario para que el ataque no se pueda rastrear hasta el atacante. El intermediario es a menudo una víctima que se utiliza de forma remota para obtener acceso al sistema del objetivo.

3. **Fases de prueba básicas:** En este punto, el hacker no ético pasará por la mayoría de los mismos pasos descritos anteriormente. Incluso las herramientas y procedimientos serán los mismos que los utilizados por un especialista en seguridad cibernética.

4. **Mantener el acceso** : Es común que los hackers creen una puerta trasera en el sistema de su víctima en caso de que quieran un acceso rápido en el futuro. Esto se hace instalando rootkits o dejando bots atrás para mantener el acceso.

Cómo el hacker poco ético utiliza el sistema depende enteramente de sus intenciones. Algunos tienen como objetivo adquirir información personal, mientras que otros intentan extorsionar a empresas con defectos en su seguridad. Lo único que realmente separa al hacker poco ético del ético es el objetivo. Los pasos y herramientas que utilizan para lograr ese objetivo suelen ser los mismos.

*Metodologías de pruebas de penetración*

Una vez que las reglas de compromiso están claramente definidas, es hora de considerar la metodología. No existe un tipo universal de prueba que pueda adaptarse a todas las empresas u organizaciones. Cada uno tiene su propio conjunto de objetivos de seguridad, y hay muchas preguntas que necesitan responder antes de elegir la metodología correcta. Hay algunos tipos diferentes de metodologías de prueba de penetración, y cada uno de ellos dicta cómo se debe realizar una prueba. Aquí hay una breve explicación de las metodologías más comunes:

1. **OSSTMM : Esto significa "Manual de Metodología de Pruebas de Seguridad de Código Abierto",** y es una metodología estandarizada para las pruebas de penetración. La idea detrás de esto es garantizar una línea de base para las pruebas sin importar qué especialista en seguridad o empresa lo realice. Esta metodología exige qué partes de una red probar, cómo realizar la prueba y cómo analizar los datos resultantes. Las pruebas de penetración siguiendo la metodología OSSTMM son exhaustivas, pero engorrosas porque incluyen casi todos los pasos de una prueba de penetración. Esto significa que una prueba de este tipo no se puede realizar a diario sin requerir una cantidad adecuada de recursos humanos y un presupuesto para igualar.

2. **OWASP**: Esto significa "Open Web Application Security Project o Proyecto de seguridad de aplicaciones web abiertas ", y como su nombre indica, es una metodología de código abierto, impulsada por la comunidad destinada a probar aplicaciones web específicamente. El propósito de esta metodología es proporcionar datos imparciales que no estén influenciados por ninguna entidad comercial o gubernamental. Mientras que OSSTMM se centra más en la seguridad de la red, OWASP se centra en mejorar la seguridad de las aplicaciones web, así como los servicios. Para esta metodología, hay varias herramientas desarrolladas que los desarrolladores de software, analistas de seguridad, y empresas por igual pueden utilizar con el fin de impulsar sus defensas.

3. **CHECK :** Esta metodología de prueba de penetración nació de la necesidad de crear redes gubernamentales seguras. Los gobiernos manejan información extremadamente sensible que a menudo se clasifica, por lo que se requiere un alto nivel de pruebas consistentes para garantizar la seguridad. La metodología CHECK se centra principalmente en la protección de los datos almacenados en un servidor específico. Las pruebas de penetración realizadas bajo ella se utilizan para determinar qué tan seguros son los datos, y de qué manera podría verse comprometida cuando está bajo ataque.

4. **NIST** : Esta es una metodología integral de pruebas de penetración que, a diferencia de OSSTMM, se puede aplicar regularmente y en intervalos cortos. Hay cuatro pasos principales para el NIST, que son la planificación, el descubrimiento, el ataque y la generación de informes. La prueba comienza con la fase de planificación, donde se discuten las reglas de interacción. A continuación, la fase de detección se divide en dos segmentos. Uno implica la recopilación de información básica, los análisis de red y la detección de servicios, y el otro se trata de la evaluación de vulnerabilidades. La tercera etapa es el ataque, que es el paso principal en la prueba. El propósito es tratar de comprometer el dispositivo objetivo. La fase de notificación viene después del descubrimiento, así como el ataque.

## *Categorías de prueba de penetración*

Dependiendo de lo que una empresa u organización quiera probar, hay tres categorías de pruebas de penetración, a saber, Caja blanca, caja negra, caja gris

1. **Caja blanca:** Cuando ya se proporcionan todos los datos relevantes sobre el objetivo, la prueba de penetración se considera caja blanca. Si estamos tratando con una prueba de red, los datos incluyen información sobre las aplicaciones y sus versiones, así como el sistema operativo. En el caso de una aplicación web, el probador recibirá el código fuente para realizar un análisis completo. Este tipo de pruebas con

tanta información dada por adelantado generalmente se realiza sólo en el sitio.

2. **Caja Negra :** Como podrías haberlo descubierto por tu cuenta, esto es lo contrario de una prueba de penetración de caja blanca. No hay información ofrecida por adelantado con respecto al sistema operativo o las aplicaciones cuando se trata de pruebas de red. Solo se proporcionan intervalos IP para que se puedan realizar pruebas. Tampoco se proporciona el código fuente para las pruebas de aplicaciones web. Las pruebas de penetración de cajas negras generalmente se realizan externamente, y es por eso que la mayoría de la información se mantiene alejada.

3. **Caja gris :** Esta categoría de prueba de penetración está en algún lugar entre las pruebas de caja blanca y negra. Se proporcionan algunos datos, mientras que algunos se mantienen alejados del probador. Por ejemplo, para las aplicaciones web no se proporciona el código fuente, sin embargo, normalmente se proporciona información sobre las bases de datos, el servidor back-end o las cuentas de prueba.

**Redacción de informes**

Una prueba de penetración exitosa no está completa sin un buen informe. Saber escribir uno, formatearlo y presentarlo a su audiencia es la clave para ser un hacker ético calificado. Un informe debe estar bien organizado, claro, al grano y comprensible.

El formato y la forma en que lo presentas también importa. Por ejemplo, si tiene un encabezado rojo, todos ellos deben ser rojos. La consistencia y la legibilidad son cruciales, por lo que cuando escriba su informe tenga mucho cuidado. Siga las reglas habituales de escritura y evite errores gramaticales mientras mantiene su voz, o estilo, a lo largo del texto.

Usted podría considerar estos consejos para ser trivialidades que están por debajo de un hacker, sin embargo, informes bien formateados y escritos mejoran su credibilidad como profesional.

## *Piensa en tu público*

Al escribir el informe, debe redactarlo teniendo en cuenta a su audiencia. Hay tres categorías de audiencia principales, a saber, la clase ejecutiva, la clase de administración y la clase técnica. Debe tener en cuenta qué parte de su informe será el foco de cada audiencia y escribirlo para ellos. Por ejemplo, un gerente no se preocupará por el exploit que utilizó para tomar el control de un sistema, sin embargo, la división de tecnología de la empresa estará muy interesada. Así que vamos a discutir brevemente cada audiencia con el fin de entender lo que les interesa.

1. **El público ejecutivo**: Esta audiencia incluye principalmente a los CEOs de una empresa. Sólo se centrarán en la lectura del resumen ejecutivo del informe, así como el informe de corrección y tal vez el resumen de las conclusiones. Tenga en cuenta que, por lo general, los ejecutivos no tienen muchos conocimientos técnicos y, por lo tanto, ignoran la

mayor parte de su informe. Por lo tanto, debe escribir sus resúmenes con esta audiencia en mente.

2. **El público de gestión**: Esta audiencia estará interesada en su evaluación de vulnerabilidades y las debilidades que descubrió. Son los que manejan la política de seguridad de una empresa u organización, por lo que estarán interesados en algunos detalles más que los CEOs.

3. **La audiencia técnica**: Los desarrolladores de software, así como el gerente de seguridad estarán interesados en leer los detalles de su informe. Son responsables de corregir las brechas de seguridad y parchear las vulnerabilidades, por lo que querrán leer la parte técnica de su informe a fondo. Debe incluir capturas de pantalla para ellos en el informe con el fin de ayudarles a resolver los problemas.

*Estructura del informe*

Hasta ahora, hemos discutido lo que hace un buen informe y lo importante que es escribirlo teniendo en cuenta cada tipo de audiencia. Ahora echemos un vistazo a la estructura precisa de un informe de prueba de penetración para entender qué tipo de información debe contener.

1. **Portada**: Comenzamos desde el principio con la portada. Esta sección debe contener el logotipo de su empresa si tiene uno, un título y una breve descripción de la prueba. La portada debe parecer profesional, ya que su calidad tendrá

un impacto en cómo el cliente te percibe como un profesional.

2. **Tabla de contenido**: Esta sección es bastante autoexplicativa. Justo después de la portada, debe escribir un índice claro para que cada audiencia en particular pueda saltar a la parte del informe que sea relevante para su posición.

3. **El resumen ejecutivo**: Esta parte del informe es extremadamente valiosa, y puede hacer o romper toda la documentación. El resumen ejecutivo está escrito específicamente para los directores ejecutivos de una empresa o cualquier otra persona que tenga el poder ejecutivo. Debe ser escrito exhaustivamente para un público que carece de conocimientos técnicos. Debe comenzar definiendo el propósito de la prueba y cómo la llevó a cabo. A continuación, explique sus resultados y hallazgos claramente y al grano. El resumen debe incluir las debilidades generales que se descubrieron y qué causó exactamente estas vulnerabilidades. Por último, escriba sobre los riesgos que determinó después de su análisis exhaustivo y analice cómo puede reducir estos riesgos aplicando las contramedidas correctas.

4. **El informe de corrección** : Esta parte de su informe de prueba está dirigida principalmente a la dirección, sin embargo, la clase ejecutiva también podría estar interesada en él. Tenga en cuenta que ambas audiencias podrían

carecer de conocimientos técnicos. Entonces, ¿de qué se trata el informe de corrección? Debe contener todas las recomendaciones que mejorarán la seguridad una vez que se implementan. Por ejemplo, puede sugerir la implementación de un nuevo firewall o un sistema de detección de intrusiones. Usted debe enumerar y describir todo claramente y al punto.

5. **El resumen de hallazgos :** También conocido como el resumen de evaluación de vulnerabilidad. En esta sección de su informe discutirá todos sus hallazgos, o en otras palabras, las fortalezas, debilidades y riesgos que involucran el sistema que probó. Aquí, debe incluir gráficos y otras representaciones visuales para ayudar a la audiencia a entender la situación. Muestre las vulnerabilidades que descubrió y clasifíquelas en función de su gravedad.

6. **Evaluación de riesgos:** Esta es la sección donde usted demuestra los riesgos basados en sus hallazgos. Debe describir el impacto que cada vulnerabilidad puede tener en el sistema y la frecuencia con la que puede ocurrir.

7. **Metodología:** Ya discutimos las diversas metodologías de pruebas de penetración, y en esta sección puede incluir información sobre cuál se utilizó. Tenga en cuenta que esta sección del informe es totalmente opcional, a menos que el cliente le haya solicitado que siga una metodología específica. En ese caso, debe informar de los pasos que ha

tomado e incluso incluir un diagrama de flujo que muestre claramente el proceso.

8. **Resultados detallados**: Esta parte del informe es para la audiencia técnica. Aquí discutirá sus hallazgos en detalle e incluirá información sobre las vulnerabilidades que descubrió, qué las causó, qué riesgos están involucrados y cuáles son sus recomendaciones para mejorar la seguridad de los datos. Los desarrolladores, así como el administrador de seguridad necesitan saber dónde se produjo la vulnerabilidad y cómo para tomar los pasos correctos para resolver el problema.

Ahora que comprendes el concepto de pruebas de penetración y entiendes cómo se supone que se escribe un informe, es hora de avanzar y aprender la parte técnica del hacking.

# Capítulo 3

## Fundamentos de Linux

Con el fin de convertirse en un hacker ético profesional, tendrá que trabajar con un sistema operativo que está a la altura de la tarea, y que es Linux. Pero, ¿por qué Linux y no Windows o Mac? En pocas palabras, Linux ofrece al usuario un control completo.

Linux es un sistema operativo de código abierto, lo que significa que incluso tiene acceso a su código fuente y por lo tanto puede modificarlo como desee. A diferencia de otros sistemas como Windows, usted tiene todo el poder sobre cada componente que está bajo el capó de Linux. Tener ese control es vital para un hacker, y Microsoft y Apple no proporcionan el mismo nivel de libertad. Tratan de ocultar el funcionamiento interno de sus sistemas y evitar el acceso del usuario a muchos de los componentes. En otras palabras, puede controlar Windows tanto como Microsoft le permite, mientras que Linux es suyo para comando hasta la línea de código más pequeña.

Otra razón por la que el uso de Linux con el propósito de las pruebas de penetración es una necesidad es que la gran mayoría de las herramientas de hacking y seguridad están diseñadas para Linux. Por lo tanto, si decides ir con Windows o Mac, serás extremadamente limitado.

Para el propósito de este libro, vamos a utilizar Kali Linux. Si no está familiarizado con este sistema operativo, debe saber que viene con varias distribuciones. Es posible que haya oído hablar de Ubuntu, por ejemplo, porque se utiliza comúnmente en portátiles comerciales porque está diseñado para uso personal. En nuestro caso, vamos a utilizar Kali porque está diseñado como un sistema operativo de hacking.

Si ya sabe cómo instalar y utilizar Linux, es posible que desee omitir este capítulo o simplemente pasar por él. Esta sección del libro está dirigida a aquellos que no están familiarizados con este sistema operativo. Vamos a pasar por la instalación de Kali, navegar por él, y el uso del terminal para emitir comandos.

## Instalación de Linux

Como ya se ha mencionado, vamos a instalar la distribución Kali debido a todas las herramientas de hacking que más tarde necesitaremos. No tienes que ir con esta versión de Linux, pero es muy recomendable. Dicho esto, primero tienes que visitar el sitio web de Kali (www.kali.org) y descargar el sistema operativo. Asegúrese de descargar la versión de Kali que es adecuada para su ordenador. Si utiliza un procesador anterior, es posible que deba descargar la versión de 32 bits y, si es más reciente, la versión de 64 bits. Si no está seguro acerca de su procesador de computadora, puede ir a Panel de control / Sistema y Seguridad / Sistema con el fin de comprobar.

Después de descargar Kali, no haga clic para instalar todavía. Primero tenemos que discutir virtualbox y usando virtual machines. Como usuario de Linux inexperto que está a punto de instalar una distribución especializada de este sistema, no debe invalidar su sistema operativo actual. Por ejemplo, no tiene que desinstalar Windows para ejecutar Kali, o cualquier otro tipo de sistema operativo. Puede usar una máquina virtual para ejecutar varios sistemas desde el mismo equipo.

¿Por qué complicarse con este método? Bueno, en primer lugar esto no es complicado de ninguna manera. En segundo lugar, al ejecutar el funcionamiento desde una máquina virtual, no corre ningún riesgo de causar ningún daño. Si instala Kali y lo ejecuta directamente, como un principiante que podría cometer un error que hará que su ordenador inoperable. Esto conducirá a nada más que frustración y tiempo perdido, ya que tiene que volver a instalar el sistema operativo. Al ejecutar Kali desde una máquina virtual, puede dañarla por accidente o a propósito sin arriesgar realmente su sistema principal. Puedes probar todas las herramientas que quieras sin tener miedo de que algo se rompa.

Con todo lo dicho, vamos a seguir adelante e instalar Linux en una máquina virtual.

### *La configuración*

Antes de poder configurar una máquina virtual para cualquier sistema operativo, debe descargar e instalar VirtualBox. Este es el software que le permitirá instalar y ejecutar Linux sin eliminar el sistema operativo de su ordenador. Vaya a su sitio web www.virtualbox.org y descargue la versión adecuada. A continuación, instálelo siguiendo todos los pasos que se muestran.

Una vez instalado, ejecute el administrador de virtualbox para empezar a crear una nueva máquina virtual. Haga clic en "nuevo", asigne a la máquina un nombre como Kali y seleccione Linux en el menú. Después, debe seleccionar la versión Debian 64-bit en el menú desplegable, o Debian de 32 bits si está ejecutando un sistema de 32 bits. Continúe haciendo clic en Siguiente y se le pedirá que asigne RAM a la máquina virtual.

No hay reglas con respecto a la asignación de RAM, sin embargo, la mayoría de la gente está de acuerdo en que usted no debe ir con más del 25% de la RAM de su ordenador. Esto significa que si el dispositivo tiene 4 GB de RAM, debe asignar 1 GB a la máquina virtual. Cuanta más memoria lo permita, más rápido se ejecutará. Sin embargo, tenga en cuenta que su sistema operativo principal requiere suficiente RAM para funcionar correctamente, y si planea ejecutar varias máquinas virtuales, debe asegurarse de que tiene suficiente RAM para que todo funcione sin problemas.

En la siguiente ventana tendrás que crear un disco duro virtual. Pulse el botón "crear" y elija entre una unidad de tamaño fijo o asignada dinámicamente. Debe elegir la opción asignada dinámicamente, ya que cualquier espacio no utilizado se dejará para su sistema principal. La máquina virtual ocupará espacio en la unidad según lo requiera. Pulse el botón "siguiente" y elija la cantidad de espacio en el disco duro que le da a su máquina virtual. El valor predeterminado suele establecerse en solo 8 GB, pero rara vez es suficiente. Probablemente debería elegir al menos 25 GB o más si su disco duro es lo suficientemente grande. Ahora pulsa "crear" y ya está listo para ir!

El siguiente paso es instalar Kali en la máquina virtual. En el administrador de máquinas virtuales, ahora debería ver un botón de "inicio". Una vez que haga clic en él, el administrador le pedirá una imagen de disco del sistema operativo que ya ha descargado. Navegue hasta la imagen y selecciónela. Aparecerá una nueva ventana, y una vez que pulse el botón "Inicio", Kali Linux se ejecutará en la máquina virtual.

Una vez que haya instalado Kali, se le pedirá con algunas opciones de inicio. Debe elegir la configuración gráfica. Si en este punto recibe un error, es probablemente porque no tiene la virtualización habilitada en la configuración del BIOS de su equipo. Dependiendo de su sistema, usted tendrá que pasar por una configuración de BIOS ligeramente diferente. También debe prestar atención a Hyper-V si está ejecutando un sistema Windows, porque se trata de una virtualización de la competencia. Compruebe su sistema y busque una solución en línea para activar la virtualización. A continuación, se le pedirá que elija el idioma y la distribución del teclado. Una vez que haga clic en "continuar" VirtualBox ejecutará un proceso para detectar todos sus adaptadores de hardware y red. Esto puede tomar un poco de tiempo, así que ten paciencia.

Una vez que el proceso haya terminado, se le pedirá que configure su red. Primero tendrá que configurar el proceso para el usuario raíz. En Linux, esto se refiere al administrador que tiene acceso completo al sistema. A continuación, tendrá que particionar el disco (una partición de disco es una parte de su disco duro). Seleccione "Guiado – usar todo el disco" y Kali configurará todo automáticamente. En este punto, es posible que encuentre una advertencia que indica que Kali eliminará sus discos duros, sin embargo, no se preocupe porque estamos hablando de un disco virtual aquí. Actualmente está vacío, por lo que no pasará nada. Ahora el sistema le preguntará si desea que todos sus archivos en una sola partición o si desea crear varios. En una instalación normal de Linux tendría varias particiones, pero como se trata de una máquina virtual con fines de aprendizaje, puede mantener todos sus archivos en el mismo lugar. Elija "Finalizar particionamiento y escribir cambios en el disco" y haga clic en "continuar." Su sistema operativo ahora estará instalado.

Cuando se complete el proceso de instalación, se le preguntará si desea utilizar una réplica de red o no. Haga clic en "No" porque no lo necesitará. A continuación se le preguntará si desea instalar un gestor de arranque llamado "GRUB." Haga clic en "sí" porque esto le permitirá elegir qué sistema arrancar al iniciar. Puede seleccionar arrancar en Kali o en cualquier otro sistema que elija instalar en una máquina virtual. En la siguiente pantalla, elija "introducir el dispositivo manualmente" y seleccione dónde se instalará GRUB. Haga clic en "siguiente" y eso es todo! Kali se ha instalado correctamente. Ahora se reiniciará y luego le dará la bienvenida con la pantalla de inicio de sesión del usuario. Debe iniciar sesión como "raíz" y escribir la contraseña que creó para el usuario raíz. Ahora será bienvenido por el escritorio Linux de Kali. Felicitaciones por instalar con éxito Linux en una máquina virtual y así hacer su primer gran paso en el mundo del hacking.

## El Grand Tour

Ahora que has instalado Kali, debes estar ansioso por empezar a explorar, crear y romper cosas, como cualquier aspirante a hacker. Antes de hacer algo de eso, sin embargo, usted debe familiarizarse con algunos términos y conceptos que le ayudarán a navegar mejor

Kali. No entraremos en demasiados detalles aburridos, porque nuestro propósito es comenzar lo antes posible. Así que vamos a tomar el gran recorrido y ver de qué se trata Linux.

### Términos comunes

Con el fin de entender los conceptos fundamentales detrás de Kali y Linux en general, hay algunos términos que usted debe saber. Estos son los más importantes:

1. **Binarios**: Estos son los archivos que se pueden ejecutar. Si está acostumbrado a usar Windows, estos archivos son los mismos que los ejecutables. Estos archivos se encuentran normalmente en el directorio /usr/bin y también incluyen aplicaciones de hacking tales como herramientas de hacking inalámbricas y sistemas de detección de intrusiones.

2. **Sensibilidad a mayúsculas y minúsculas** : Tenga en cuenta que, a diferencia de Windows, Linux distingue mayúsculas de minúsculas. ¿Qué significa esto exactamente? Por ejemplo, en Linux, la palabra "escritorio" es diferente de "Escritorio" o "escritorioTop" y así sucesivamente. Todos estos nombres pueden hacer referencia a diferentes archivos o directorios. Preste atención al caso, porque si busca un archivo llamado "Prueba" pero escribe "prueba", recibirá un error o un resultado incorrecto.

3. **Script** : Se trata básicamente de una serie de comandos convertidos en código fuente. Muchas herramientas para la

piratería son en realidad scripts. Se ejecutan a través de intérpretes de lenguaje de scripting como Python o Ruby. Mientras que en este tema, vale la pena mencionar que Python es el más popular entre todos los tipos de hackers.

4. **Shell**: Este es un entorno para ejecutar comandos en Linux. El caparazón más común es bash, y eso es lo que también vamos a usar en este libro cada vez que nos referimos a la cáscara.

5. **Terminal** : Se trata de una interfaz de usuario de línea de comandos a través de la cual podemos comunicarnos con el sistema operativo y emitir comandos directamente a través de instrucciones de introducción. El terminal Linux es similar al símbolo del sistema en Windows.

Ahora que está familiarizado con los términos más básicos que utilizaremos al trabajar con Linux, podemos empezar a explorar Kali.

### *La Terminal*

Lo primero que necesita para familiarizarse con cuando se ejecuta Linux es el terminal. A través de esta interfaz aparentemente simple, puedes hacer casi todo lo que puedas imaginar, si conoces los comandos correctos.

El terminal es un entorno a través del cual se ejecutan comandos basados en texto. Este entorno es lo que se conoce como un shell. Ahora que ha instalado Kali, debería ver el icono del terminal en su escritorio. Haga doble clic en él para iniciarlo. Usted será recibido por una pantalla negra en la que puede escribir sus instrucciones.

Vamos a discutir algunos comandos básicos pronto, pero primero debe entender cómo funciona el sistema de archivos en los sistemas operativos Linux.

## El sistema de archivos

Si ya ha explorado, es posible que haya notado que Kali, o Linux en general, no utiliza el mismo sistema de archivos que Windows o Mac. No hay C:drive o D:drive, sin embargo, la estructura es lógica y fácil de entender.

La raíz del sistema de archivos es simplemente "/". Este es el directorio principal que contiene todo y se llama la raíz. Tenga en cuenta que esto no es lo mismo que la raíz que discutimos anteriormente. Esto se refiere a la cuenta principal con toda la facultad administrativa. No confunda los dos, porque hay un subdirectorio /root que es de hecho el directorio principal del administrador. Estos son algunos de los otros directorios más importantes que debe tener en cuenta:

1. **/etc**: Este directorio contiene los archivos de configuración del sistema operativo. Controlan cómo se inician el sistema y sus programas.

2. **/home**: Este es el directorio principal del usuario.

3. **/media**: Aquí es donde todos los dispositivos multimedia como DVDs y unidades flash se montan en el sistema.

4. **/bin** : Aquí es donde se almacenan los archivos binarios de la aplicación (o ejecutables para usuarios de Windows).

5. **/lib** : Este directorio contiene las bibliotecas, de forma similar a las bibliotecas vinculadas dinámicamente que se encuentran en otros sistemas operativos.

Estos son los directorios principales por los que navegará regularmente cuando trabaje con Linux. Usted necesita conocerlos para poder utilizar el terminal de línea de comandos.

Puede realizar modificaciones en cualquiera de estas carpetas y archivos siempre que tenga los privilegios de usuario adecuados. Los directorios principales y algunos archivos clave del sistema sólo se pueden cambiar si ha iniciado sesión como el usuario raíz que tiene pleno poder administrativo. Puede crear tantas cuentas de usuario como desee, pero solo una cuenta puede ser la cuenta maestra con todos los privilegios. Debe empezar a crear un nuevo usuario por sí mismo tan pronto como sea posible, ya que no desea iniciar sesión constantemente como la raíz. Ya seas un principiante o un profesional, los accidentes ocurren, y cuando tienes privilegios de administrador completos puedes eliminar algo por accidente y romper el sistema. Otros usuarios no pueden eliminar directorios y archivos cruciales.

Es posible que esté pensando que sería extremadamente inconveniente seguir cambiando entre una cuenta normal y la cuenta de administrador, dependiendo de la operación que necesite realizar. La buena noticia es que en Linux, puede emitir comandos de administración incluso cuando se inicia sesión como un usuario normal. Para esto es el comando todopoderoso "sudo". Significa "super usuario hacer" y cada vez que emita una instrucción con "sudo" antes de él, el terminal le pedirá la contraseña raíz. Este es un atajo práctico que debe saber cuando se trabaja con cualquier sistema de archivos Linux, sin embargo, asegúrese de las instrucciones que usted da con él. Cuando usas "sudo", el sistema no te preguntará una o dos veces si estás seguro de lo que estás a punto de hacer. Simplemente realizará la tarea.

### *Comandos básicos de terminal*

Ahora que tiene una mejor comprensión de la estructura de archivos Linux, podemos discutir los comandos de terminal más comunes. El propósito de esta sección es ponerte en marcha, así que nos apegaremos a lo básico.

1. **pwd**: Dado que no estamos utilizando una interfaz gráfica como con Windows o Mac, a veces no estarás seguro de en qué directorio o subdirectorio estás. Usted tendrá que encontrarse a sí mismo para continuar navegando o para emitir otros comandos. Escriba *pwd* para revelar su ubicación dentro del sistema de archivos. Por ejemplo, el resultado se verá algo así como "/home". En este ejemplo, se encuentra en el directorio principal.

2. **ls**: Una vez que conozca su ubicación, es posible que desee saber qué otros archivos o directorios están allí. Este comando se utiliza para mostrar todos los archivos que

existen dentro de un directorio. Por ejemplo, si escribe *ls* /etc recibirá una lista de todo lo que se encuentra dentro del directorio etc. Si escribe un -l después de la instrucción *ls,* podrá examinar los permisos de archivo para todo lo que contiene la lista. Algunos de los archivos pueden estar bloqueados a los usuarios normales.

3. **cd**: Este comando significa "cambiar directorio." Cambiemos al directorio /etc escribiendo *cd /etc.* Para comprobar si el comando ha funcionado, escriba *pwd* para que el sistema le indique dónde se encuentra. Si desea navegar al directorio raíz que contiene todo, debe escribir cd seguido de dos puntos, como así "cd..".

4. **./filename**: Puede utilizar este comando para ejecutar un determinado programa. Solo tiene que especificar el nombre de la aplicación. Ciertos programas, sin embargo, sólo se puede acceder si usted tiene derechos administrativos, así que tenga eso en cuenta.

5. **nombre de archivo rm**: Utilice este comando para eliminar un determinado archivo o programa. Tenga en cuenta que se trata de una acción permanente y no se puede revertir. Todo lo que elimine con este método se borrará permanentemente del sistema.

6. **nombre de archivo cat :** Emita este comando si desea obtener una vista previa de un determinado archivo de texto. A veces es posible que no esté seguro sobre el contenido,

pero por cualquier razón no desea cargar todo el archivo. Utilícelo únicamente para documentos de texto. Si intenta el comando en una imagen, obtendrá una vista previa de una gran cantidad de símbolos aleatorios y letras que no significan nada para el ojo humano.

7. **mkdir** y **rmdir**: Crear y, respectivamente, eliminar un directorio. Sin embargo, tenga en cuenta que para quitar un directorio con el comando "rmdir", primero debe vaciarlo.

8. **mv nombre de archivo newfilename**: Especifique el archivo al que desea cambiar el nombre. Tenga en cuenta que la versión con el nombre antiguo se eliminará permanentemente.

9. **cp nombre de archivo**: Este comando comúnmente utilizado es ideal para hacer copias de archivos. Incluso puede usarlo para reubicar la nueva copia. Este es un ejemplo de copiar un archivo y establecer su nueva ubicación: *cp myfile.jpg .. /MyFiles/mynewfile.jpg*.

10. **hombre**: Utilice el comando "hombre" para obtener información sobre otros comandos para aprender lo que hacen. Esta palabra clave mostrará un manual que contiene todos los datos relacionados con un determinado comando. También puede navegar a través de él para obtener información sobre otros comandos que están asociados con la palabra clave que está buscando.

11. **--help** o **-h** o **-?** : Si necesita ayuda para entender lo que hace una aplicación, línea de comandos o herramienta, pero no desea pasar por un manual detallado completo, puede utilizar cualquiera de estos comandos de ayuda. Casi todo tiene una página de ayuda o una descripción. Tenga en cuenta que a veces, algunos de estos comandos pueden no funcionar. Para abrir un archivo de ayuda para una herramienta de piratería, el guión doble seguido de ayuda (--help) puede o no funcionar. Prueba cualquiera de los tres comandos.

12. **grep**: Con este comando, puede ejecutar una búsqueda a través de todos sus archivos y directorios. Es como un mini motor de búsqueda. Por ejemplo, puede escribir *grep milk dairylist.txt y* el programa buscará en el archivo "dairylist" cualquier línea que contenga la palabra "leche".

13. **salida**: Utilice esta orden para indicar al terminal que detenga cualquier proceso y se apague.

No tienes que memorizar todos estos comandos de inmediato. Sin embargo, usted debe tomar un tiempo para abrir el terminal y empezar a jugar con ellos. ¡Sé creativo y experimenta! Esta es la razón por la que está ejecutando Linux en una máquina virtual. Nada puede salir realmente mal. Incluso si de alguna manera rompe el sistema, simplemente puede volver a instalarlo sin dañar su sistema operativo principal.

# Redes Linux

Muchas veces, las pruebas de penetración se realizarán a través de una red, por lo que es vital para usted obtener algún conocimiento de redes. Un aspirante a hacker necesita entender cómo se hace una conexión y cómo pueden interactuar con la red. En esta sección, aprenderá algunos conceptos básicos de redes de Linux y explorará algunas herramientas útiles que se utilizan en el análisis y la administración de redes.

## *Examen de redes activas*

Analizar o examinar las conexiones de red activas es algo que tendrá que hacer a menudo como un hacker ético. Por suerte, es más fácil de lo que realmente suena. Todo lo que necesita hacer es abrir el terminal y escribir *ifconfig*. Este comando es la instrucción más básica que se utiliza para interactuar con una red. Una vez que introduzca esta línea, recibirá información sobre la red activa. Debería tener un aspecto similar al siguiente:

eth0Linkencap:EthernetHWaddr 00:0c:26:ba:81:0f
inet addr:192.148.163.121 Bcast:192.148.163.255
Máscara:255.255.255.0
lo Linkencap:Local Loopback
inet addr:127.0.0.1 Máscara:255.0.0.0
wlan0 Link encap:EthernetHWaddr 00:c0:ca:3f:ee:02

Puede parecer un galimatías al principio, así que vamos a discutir lo que significan todos estos datos.

La primera línea de información se trata de la interfaz *eth0 detectada*. Esto significa Ethernet, y es la primera conexión de red cableada que se detecta. ¿Cómo sabemos que es el primero? Porque el 0 en realidad significa 1. En Linux, como en la mayoría de los lenguajes de programación, comenzamos a contar desde 0 y no desde 1. Si tuviéramos una segunda red cableada, se mostraría como eth1. El siguiente bit de información "EthernetHWaddr" nos dice que tenemos un tipo de red Ethernet con la siguiente dirección "00:0c:26:ba:81:0f".

En la segunda línea, recibimos información sobre la dirección IP de la red, que es 192.148.163.121. A continuación tenemos la dirección de difusión (Bcast), que es necesaria para enviar información a todos los IP. Finalmente, tenemos la máscara de red (máscara) que establece qué parte de la dirección IP está conectada a la red local.

En la tercera línea tenemos otra red (lo). Esto significa dirección de bucle de vuelta, también conocida como host local, y tiene una dirección que le permite conectarse a su propia red.

La tercera línea es otro tipo de conexión, a saber, una interfaz inalámbrica (wlan0).

Con esta información básica obtenida a través del comando "ifconfig", puede establecer la conexión con la configuración de LAN (red de área local) y manipularla según sea necesario. Comprender estos datos y aprender a usarlo es esencial para el conjunto de habilidades de un hacker.

## Cambio de la información de red

Como hacker ético, necesitará conocer los conceptos básicos de cambiar la información de su red. ¿por qué? Porque cambiando su dirección IP, por ejemplo, puede engañar a otras redes para que piensen que es un dispositivo autorizado. Por ejemplo, es posible que tenga que realizar un ataque de denegación de servicio en algún momento (esperemos que no con intención maliciosa), y para ello es posible que desee enmascarar su IP. Si lo hace, su ataque parecerá provenir de una fuente diferente a la suya, y puede evadir la captura. Veamos cómo se puede lograr todo esto con el comando "ifconfig" que ya conoces.

Abra el terminal y escriba "ifconfig" seguido de la red que desea reasignar y la dirección IP que se asociará con él. Así es como se vería el comando:

ifconfig eth0 192.137.182.114

¡Eso es todo! Si el comando se introduce correctamente, el terminal no reaccionará generando ningún tipo de error. También puede utilizar el comando "ifconfig" por sí solo para confirmar que se ha cambiado la dirección IP.

A continuación, vamos a cambiar la máscara de red y la dirección de difusión. Para ello vamos a utilizar el comando "ifconfig" una vez más. El proceso es muy parecido a cambiar la dirección IP. Para empezar, escriba el comando "ifconfig", seguido de la red elegida, la dirección IP y, a continuación, la nueva máscara de red y la dirección de difusión. Así es como debe verse el comando en el terminal:

ifconfig eth0 192.137.182.114 máscara de red 255.255.0.0 broadcast 192.137.1.255

Una vez que usted ingresa el comando, usted puede marcar para ver si los cambios fueron realizados. Simplemente escriba "ifconfig" como antes y debería ver la máscara de red y la dirección de difusión que ingresó.

Por último, pero no menos importante, puede utilizar el "ifconfig" para cambiar también su dirección de hardware (HWaddr) que también se conoce como la dirección MAC. Esta es una dirección única que se supone para mantener a los piratas informáticos lejos de una red o para rastrear el origen del ataque. Sin embargo, esto es tan fácil de cambiar como la dirección IP. Así que vamos a ver los pasos necesarios para cambiar la dirección MAC. Primero escriba "ifconfig" seguido de la red elegida como de costumbre, y el comando "down". Esto derribará la red. Ahora usted puede ingresar el comando "ifconfig" otra vez, seguido por "hw" que significa hardware, "éter" que significa Ethernet, y la nueva dirección MAC. Una vez que haya introducido la nueva información, puede traer la red de nuevo de la misma manera que la derribó, pero con el comando "arriba" en lugar de "abajo". El proceso debe tener un aspecto similar al siguiente:

ifconfig eth0 down
ifconfig eth0 hw ether 00:11:22:33:44:55

ifconfig eth0 up

Asegúrese utilizar "ifconfig" para marcar que la dirección MAC fue cambiada correctamente a la nueva dirección que usted creó.

### *El sistema de nombres de dominio*

El propósito principal del DNS es traducir un nombre de dominio a una dirección IP, y esto lo convierte en un componente valioso de Internet en su conjunto. Un hacker puede aprovechar esto y utilizar el DNS para encontrar información sobre un destino. Con la ayuda del comando "dig", puede aprender a recopilar datos DNS sobre su dominio de destino. Este tipo de información es a menudo crucial para el proceso de preparación antes de un ataque.

Como ya hemos discutido, reunir conocimientos sobre su objetivo debe ser su primer paso. Entonces, ¿qué tipo de información puede ser revelada a usted usando el comando *dig?* Puede averiguar la dirección IP del servidor de nombres del dominio, el servidor de correo electrónico y tal vez incluso otras direcciones IP asociadas. Veamos un ejemplo de esta acción. Escriba dentro del terminal:

dig hacking-is-awesome.com ns

El "ns" al final del comando significa nameserver. Ahora obtendrá un informe que se parece a esto:

;; SECCION DE PREGUNTA:

;hacking-is-awesome.com. EN NS

;; SECCION DE RESPUESTA:

hacking-is-awesome.com. 5 EN nS ns7.wixdns.net.

hacking-is-awesome.com. 5 EN nS ns6.wixdns.net.

;; SECCION ADICIONAL:

ns6.wixdns.net. 5 EN A 216.239.32.100

Vamos a intentar desglosar esto y comprender de qué se trata cada sección de la consulta. En la sección de preguntas, leemos el tipo de consulta. En nuestro ejemplo, es el tipo ns, lo que significa que estamos usando el comando dig para averiguar el servidor de nombres de hacking-is-awesome.com. En la sección de respuestas, recibimos la respuesta a nuestra pregunta, que es el servidor de nombres del nombre de dominio. Por último, en la sección adicional, tenemos la dirección IP del servidor DNS.

Esto es sólo un uso del comando "dig". También puede usarlo para encontrar información en el servidor de correo electrónico conectado al dominio. Esto se hace con el comando "mx" en lugar de "ns". Es sinónimo de intercambio de correo electrónico, y los datos que recibe se pueden utilizar para atacar a los servidores de correo electrónico. Así es como se vería este comando en el terminal:

cavar hacking-is-awesome.com mx

Y aquí está el resultado:

;; SECCION DE PREGUNTA:

; hacking-is-awesome.com. EN MX

;; SECCION DE AUTORIDAD:

hacking-is-awesome.com.      5      EN      ns6.wixdns.net      SOA.
support.wix.com 2019052826 10800

3200 504 700 2400

La sección de preguntas tiene el mismo propósito que en el ejemplo anterior. Sin embargo, ahora tenemos una sección de autoridad en lugar de una sección de respuesta. Aquí es donde se muestra la información del servidor de correo electrónico.

### Cambiar el servidor DNS

A veces, es posible que desee cambiar el servidor DNS y saber cómo hacerlo es una buena manera de acumular habilidades de red. Para lograr esta tarea, tendrá que abandonar el terminal por el momento y utilizar un editor de texto en su lugar. Cualquier software de edición de texto servirá, sin embargo, en nuestro ejemplo usaremos Leafpad porque está incluido en todas las instalaciones de Linux.

Antes de cerrar el terminal, debe usarlo para abrir un archivo de texto específico dentro de Leafpad. Tipo:

leafpad /etc/resolv.conf

Con este comando, le dijo al sistema que iniciara Leafpad y abriera el archivo "resolv.conf", que se encuentra dentro del directorio "etc". El archivo que ha abierto debe contener algo como esto:

dominio local
buscar dominio local
servidor de nombres 192.164.185.2

Usted puede ver en la tercera línea que el servidor está fijado a un servidor DNS en 192.164.185.2. Entonces, ¿cómo lo cambiamos? Supongamos que desea cambiar al servidor DNS público de Google. Para ello, simplemente tiene que cambiar la línea del servidor de nombres dentro del archivo. Tipo:

servidor de nombres 8.8.8.8

¡Eso es todo! Guarde el archivo y ahora el servidor DNS público de Google traducirá los nombres de dominio a direcciones IP. El proceso puede tardar un poco más- no más de unos pocos milisegundos.

# Capítulo 4

## Recopilación de información

Ahora que has pasado por tu entrenamiento básico, es hora de explorar la primera fase de las pruebas de penetración con más detalle. Reconocimiento, o recopilación de información, a menudo es pasado por alto por los piratas informáticos en el entrenamiento, probablemente porque están demasiado ansiosos para empezar a piratear. No cometas el mismo error que tantos recién llegados. La investigación es vital para asegurar una prueba de penetración exitosa, y sin ella usted podría tropezar o incluso fallar. Puede que no se sienta desafiante y satisfactorio al principio porque esta fase no es muy técnica, sin embargo, se adhieren a ella sin importar qué.

Si todavía piensas que la recopilación de información es una habilidad que ya posees y realmente no necesitas pasar por un capítulo completo para aprender sobre ella, considera el siguiente escenario del mundo real.

Finge por un momento que ya eres un hacker ético exitoso y trabajas para una compañía de seguridad cibernética. Tu jefe de repente se acerca a ti con un nuevo proyecto. Una empresa se puso en contacto con él para probar su seguridad, el papeleo legal se hizo, y todo el proceso está listo para comenzar. Pregúntale a tu jefe sobre la empresa y cualquier información detallada que hayan enviado. Todo lo que te dice es un nombre, "TestNet", y eso es todo. Todo lo que tienes que empezar a hackear es una palabra de la que no sabes nada. ¿Por dónde empiezas? ¿Qué vas a hacer? Esto no puede estar bien. Debe haber más información sobre la empresa, los empleados y los sistemas, etc., ¿no? ¡Incorrecto! Este escenario es cómo su trabajo a menudo comenzará, y el primer paso es la investigación!

Cuando comience, no sabrá nada sobre el sitio web de una empresa, la ubicación, la dirección IP, el número de empleados, el tipo de sistema operativo o qué tipo de seguridad utilizan contra los piratas informáticos. Todo lo que sueles tener es un nombre. Para obtener más información, primero debe buscar los datos disponibles públicamente. Hay mucho que puedes ganar sin conectarte al objetivo directamente. En esta fase, tienes dos objetivos. Necesitas obtener tanta información como sea posible antes de hacer cualquier otra cosa. Una vez que tenga conocimiento sobre su objetivo, puede crear una lista de cualquier dirección IP que pueda atacar.

En este punto del proceso, no hay diferencia entre usted, el hacker ético, y un hacker sombrero negro. Ambos están obligados a recopilar tanta información relevante como sea posible y analizar el objetivo a fondo antes de decidir cómo atacar. Sin embargo, hay una cosa que te diferencia. Como probador de penetración, debes mantenerte dentro de tus límites legales y seguir el alcance de tu compromiso. Por ejemplo, llegará un momento en que encuentres un sistema vulnerable que de alguna manera esté conectado a tu objetivo, pero que no sea de su propiedad. Usted sabe que esta vulnerabilidad es su clave para realizar correctamente su tarea, sin embargo, no tiene la autorización para usarla. ¿A qué te dedicas? Desafortunadamente, debes ignorarlo. El hacker sombrero negro no está obligado por tales reglas y atacará de cualquier manera que pueda. Pero eso no suena justo. ¿Cómo puede ser eficaz su examen entonces? En tales circunstancias, ignorará un sistema que no está autorizado a utilizar, pero mencionará las vulnerabilidades y riesgos asociados con él en su informe. Sobre la base de esa información, se tomarán nuevas decisiones y se realizarán nuevas pruebas.

Esperemos que esta introducción le convenciera de no omitir este capítulo sobre investigación y recopilación de información. Como un futuro hacker, es vital que entienda lo importante que es esta fase. En este capítulo, continuaremos discutiendo en detalle metodologías de recopilación de información y todas las herramientas que puede utilizar para mejorar el proceso en el camino.

## Técnicas de recopilación de información

Para ser excelente en la recopilación de información, debe formar una estrategia. Saber qué pasos tomar durante la fase de reconocimiento puede diferenciarlo de otros hackers en la formación y acelerar su proceso de aprendizaje. Debe tener en cuenta que una estrategia de reconocimiento común implica reconocimiento activo y pasivo. Todas las técnicas de recopilación de información se pueden agrupar en estas dos categorías, así que echemos un vistazo más de cerca a ellas.

¿Qué es el reconocimiento activo? La palabra "activo" se refiere a interactuar directamente con el objetivo para extraer información. Este tipo de recopilación de información se utiliza a menudo para obtener información sobre los puertos abiertos, el sistema operativo y qué servicios se están ejecutando. Tenga en cuenta, sin embargo, que las técnicas activas de reconocimiento pueden revelar fácilmente su presencia al objetivo. Su actividad puede ser registrada, porque los métodos activos son ruidosos y fácilmente detectables por los cortafuegos.

El reconocimiento pasivo, por otro lado, es todo lo contrario. No interactúa con su objetivo al recopilar información y, por lo tanto, su presencia no puede ser detectada o registrada dentro de un registro. Las técnicas pasivas implican el uso de la Internet todopoderosa. La investigación se lleva a cabo a través de motores de búsqueda, redes sociales y otros sitios web.

Ahora echemos un vistazo más de cerca a los métodos individuales de recopilación de información. Antes de empezar, debe crear un sistema de archivo por sí mismo. Usted puede terminar fácilmente con cientos de páginas que valen la pena de información, y si no se organizan, fácilmente se perderá en el caos. Esto es especialmente cierto si usted es como algunos de los hackers de la vieja escuela que prefieren imprimir y documentar todo en papel. No importa cómo lo hagas, trabaja de forma ordenada para que puedas encontrar cualquier bit de información cuando lo necesites. Incluso el texto más trivial puede terminar convirtiéndose en un recurso valioso para su prueba de penetración.

### Uso de una copiadora de sitios web

Encontrar el sitio web del objetivo, incluso si solo tiene su nombre, es probablemente el mejor lugar para comenzar. Todo el mundo tiene una cara en Internet, y revisar el sitio web de su objetivo puede producir cantidades significativas de datos. Sin embargo, ten en cuenta que incluso si solo estás navegando por el sitio web de alguien, es posible que dejes una huella digital de tu actividad. Esta es la razón por la que debe limitar su tiempo invertido allí tanto como sea posible, o debe utilizar una herramienta de copia de sitios web en su lugar.

Una copiadora de sitios web, como HTTrack, crea una copia del sitio web de destino y lo pone a disposición para su uso sin conexión. A continuación, tendrá acceso completo a todo lo que contiene el sitio web, incluidas las fotos y el código fuente. De esta forma podrás analizar el contenido de un sitio web durante tantas horas o días como quieras, ya que toda la información estará en tu ordenador local. Por lo tanto, pasará una cantidad mínima de tiempo conectado al servidor web del destino.

HTTrack es una herramienta gratuita y se puede instalar fácilmente en su máquina virtual Kali Linux. Descargue la herramienta, abra el terminal y escriba el siguiente comando:

apt-get instalar httrack

Esto instalará el programa. Una vez finalizada la instalación, puede iniciar la herramienta escribiendo "httrack" en su terminal. Antes de empezar, sin embargo, debe tener en cuenta que clonar el sitio web de alguien es una intrusión y la acción podría ser rastreada hasta usted. Utilice siempre copiadoras de sitios web solo con autorización. Dicho esto, una vez que inicie HTTrack, la herramienta le guiará a través de una serie de preguntas que necesita responder. No necesariamente tienes que responderlas, ya que siempre puedes dejar las respuestas predeterminadas, pero debes leerlas de todos modos para que no inicies todo el proceso a ciegas. Como mínimo, debe escribir un nombre de proyecto e introducir el enlace al sitio web que desea clonar. Una vez que haya terminado con las preguntas, todo lo que necesita hacer es escribir "Y" y el procedimiento de clonación comenzará. No debería tomar demasiado tiempo, sin embargo, depende de cada sitio web porque la herramienta clonará cada bit de información. Cuanto más grande y complejo sea el sitio web, más tiempo tardará en copiarlo. Así que asegúrese de que tiene un montón de espacio en su disco duro.

Cuando se complete el proceso de clonación, se mostrará un mensaje en el terminal, diciendo algo como "Hecho. ¡Gracias por usar HTTrack!". Si ha utilizado la configuración predeterminada de la herramienta, ahora encontrará la copia del sitio web dentro de /root/websites/name del proyecto. A continuación, abra el navegador de su elección. Por el bien de nuestro ejemplo usaremos Firefox. Inicie Firefox y escriba la ubicación del clon en la barra de direcciones web. Ahora podrá seguir cualquiera de los enlaces del sitio web que desee. El mejor lugar para comenzar es probablemente index.html.

Ahora que tiene acceso al sitio web del objetivo, ya sea navegando directamente en línea o clonándolo para su uso fuera de línea, debe comenzar a revisar cada bit de información que encuentre. Prestar atención a los detalles es importante en esta etapa. Usted debe ser capaz de descubrir una ubicación física de la empresa, información de contacto como números de teléfono y direcciones de correo electrónico, horarios comerciales, asociaciones y colaboraciones, nombres de empleados, cuentas de redes sociales y más.

Preste especial atención a cualquier "noticia" o "anuncios" páginas web, porque muchas empresas y organizaciones les gusta presentar sus logros más recientes. En estas historias, a menudo puede encontrar información útil que filtran sin darse cuenta. Otra sección del sitio web que puede revelar datos útiles es la sección de registro de trabajos. ¿Por qué debería importarte las ofertas de trabajo? Porque en muchos casos están buscando nuevos empleados de tecnología, y a través de la oferta de trabajo mencionarán algunas de las tecnologías que utiliza la empresa. Encontrará información sobre software y hardware, y estos datos pueden permitirle más tarde hackear sus sistemas sin ser detectados. Pero, ¿qué hacer si el sitio web no parece tener ninguna publicación de trabajo en él? Busque a través de los numerosos sitios web y aplicaciones nacionales donde las empresas publican ofertas de empleo. Todo lo que necesita es el nombre de la empresa, y descubrirá una cantidad significativa de datos sobre los empleados que están buscando y la tecnología que utilizan.

Por ejemplo, supongamos que usted descubre que la empresa está buscando un administrador de red con la experiencia de Cisco ASA. ¿Qué significa esto para ti? Basándose en estos datos por sí solo, puede llegar a algunas conclusiones fácticas y hacer algunas conjeturas educadas también. De la descripción del trabajo usted sabe ya que la empresa utiliza un Firewall de Cisco ASA (dispositivo de seguridad adaptante), pero eso no es todo. Ya debería haber establecido el tamaño de la empresa en función de su recopilación de información del resto del sitio web. Si conoce vagamente el número de empleados, puede determinar que la empresa está buscando un especialista de este tipo porque no tienen uno, o porque están a punto de perder su administrador de red que sabe cómo configurar y usar ese tipo de firewall.

Como puede ver, puede obtener fácilmente una gran cantidad de información al examinar el sitio web de alguien. Al menos debe saber qué hace la empresa, quiénes son y qué tipo de tecnologías utilizan. Armado con estos datos básicos, puede seguir recopilando más información a través del reconocimiento pasivo. Recuerde que esta técnica de investigación está casi libre de todo riesgo porque no interactúa con ninguno de los sistemas del objetivo. Usted comienza mediante la realización de una búsqueda exhaustiva a través del uso de motores de búsqueda en línea, pero principalmente Google.

### *Uso de las directivas de Google*

A pesar de que hay varios buenos motores de búsqueda por ahí, Google es indiscutiblemente el más eficiente en la catalogación de información de todos los rincones de Internet. Son tan buenos en lo que están haciendo que algunos hackers pueden incluso realizar toda la prueba de penetración con nada más que Google. Sin embargo, ese no es el propósito de esta sección.

Es posible que estés pensando que ya sabes cómo usar Google. ¡Lo has estado haciendo durante años! Todo lo que necesita hacer es abrir un navegador web, ir a la dirección de Google y buscar cualquier cosa que se te ocurra, ¿verdad? No exactamente. Eso podría ser suficiente para la gran mayoría de la población en línea, sin embargo, no es lo suficientemente bueno para un hacker adecuado. Es necesario optimizar su búsqueda con el fin de obtener los mejores resultados. Saber cómo usar Google como un profesional acelerará su proceso de recopilación de información en gran medida e incluso producir algunos bits ocultos de información que de otra manera podrían perderse entre los miles de millones de sitios web que están por ahí. Entonces, ¿cómo refina y optimiza su búsqueda en Google? ¡La palabra clave son directivas!

Las directivas de Google son palabras clave específicas que permiten al usuario buscar información con mayor precisión. Por ejemplo, si Google busca un curso de hacking ofrecido por una determinada universidad, lo más probable es que sólo los primeros resultados sean precisos. Con la directiva correcta, sin embargo, puede forzar a Google a hacer sus ofertas y extraer información sólo del sitio web de esa universidad. En nuestro ejemplo, conocemos las palabras clave porque estamos buscando un curso de piratería, y conocemos el sitio web de la universidad. Queremos ver los resultados sólo de ese sitio web y en ningún otro lugar. Esto se puede hacer con el **sitio: directiva**. Obliga a Google a mostrar los resultados solo del dominio de destino. Así es como debería ser tu búsqueda:

site:domain palabras clave

Tenga en cuenta que no debe haber espacios entre la directiva, los dos puntos y la dirección de dominio. Mediante el uso de nuestro ejemplo de curso de hacking de la universidad, ahora debe recibir enlaces que conducen sólo al sitio web de la universidad. Esta directiva es útil, ya que acaba de eliminar decenas de miles de resultados. Sólo tienes que examinar un puñado de resultados del objetivo que te interesa. De esta manera, puedes enfocar tu reconocimiento sin perder el tiempo.

Otra directiva útil de Google es **intitle**. Su uso es bastante sencillo, ya que se utiliza para devolver sólo sitios web que contienen una palabra clave en su título. También hay una variación de esta directiva que devolverá sólo los sitios web que tienen todas las palabras clave introducidas como título. Esta es la directiva autoexplicativa **allintitle**. Este es un ejemplo donde "allintitle" puede ayudar con nuestro reconocimiento:

allintitle:index de

Realizar esta búsqueda en Google le permitirá ver una lista de todos los directorios que estaban indexados y están disponibles a través del servidor web. Muchos hackers comienzan su investigación con esta directiva. Pero, ¿qué pasa si desea buscar sitios web que tengan una palabra clave específica dentro de la URL en lugar del título? Para esto es la directiva **inurl**. Así es como puede usarlo en su proceso de recopilación de información:

Inurl: admin

Esta búsqueda podría devolver páginas administrativas del sitio web de su objetivo, revelando valiosos datos de configuración.

Si bien todas estas directivas de Google son excelentes para encontrar información relevante de un sitio web objetivo, también hay otras fuentes valiosas que puede aprovechar. Un ejemplo de este tipo es la memoria caché del destino. Buscar a través de la caché de Google puede minimizar aún más su riesgo de exposición como un hacker, reduciendo sus posibilidades de ser notado. La mayor ventaja, sin embargo, es que mediante el uso de esta directiva se puede revelar información de páginas web eliminadas. La caché contiene una copia de todo lo que Google ha catalogado. Por lo tanto, incluso los archivos eliminados se pueden encontrar allí. Incluso puede recuperar el código fuente que una vez se usó para compilar el sitio web. A veces la información se carga accidentalmente en el sitio web de la empresa y luego se elimina pronto. Imagine un administrador de red creando una lista de todos los nombres de equipo y direcciones IP dentro de la empresa y luego subiendo al sitio web interno, excepto que lo suban al sitio web "real". Si los bots de Google tienen suficiente tiempo antes de la eliminación de archivos, ese archivo se encontrará dentro de la caché. Y esta es la razón por la que un aspirante a hacker debe estar familiarizado con la **directiva cache**. Así es como lo usas:

cache:testsite.com

Tenga en cuenta que si hace clic en cualquiera de los enlaces de un sitio web almacenado en caché, terminará yendo al sitio web en vivo. Esto puede exponerlo al riesgo de ser descubierto. Si desea ir a una página diferente en el sitio web almacenado en caché, simplemente debe modificar su búsqueda mediante la directiva.

La directiva final que discutiremos es la **directiva** filetype. Esto se utiliza para detectar ciertas extensiones de archivo. Puede utilizar esta directiva para buscar archivos específicos en el sitio web de destino. Supongamos que estamos buscando un tipo de archivo de documento. El comando para esto sería:

filetype:doc

De esta manera puedes encontrar enlaces a cualquier tipo de archivo que estés buscando. Puede buscar documentos PDF, presentaciones de PowerPoint, archivos de texto, etc. Solo tiene que utilizar la palabra clave adecuada, que es la extensión del archivo. Sin embargo, esta directiva brilla cuando se combina con otras directivas. Sí, puedes combinar tantos de ellos como quieras, como quieras. A continuación, le indicamos cómo hacerlo:

sitio:myuniversitysite.com filetype:pdf

En nuestro ejemplo, Google devolverá enlaces a todos los archivos PDF que se pueden encontrar en el sitio web "myuniversitysite.com".

Como puedes ver en todos estos ejemplos, las directivas de Google pueden reducir significativamente tu tiempo de investigación. Ya no tendrá que enfrentarse a miles de resultados de búsqueda y escanear a través de ellos para ver si hay datos relevantes. Practique con directivas y maneje solo la información específica que le interesa.

### *Descubrir direcciones de correo electrónico*

La catalogación de las direcciones de correo electrónico de los empleados de una organización forma parte de su proceso de reconocimiento. Realizar esta tarea manualmente, sin embargo, no es práctico. Por suerte, Kali viene con una herramienta incorporada acertadamente llamada "The Harvester". Es una secuencia de comandos de Python bastante simple, pero se puede utilizar para automatizar el proceso de catalogación de direcciones de correo electrónico, subdominios y hosts de servidor. Antes de utilizar esta herramienta, asegúrese de que se actualiza a la última edición, ya que cualquier actualización de un motor de búsqueda podría tener un efecto negativo en él, al igual que en cualquier otro programa automatizado.

Pero, ¿cómo puede una dirección de correo electrónico ayudarle al recopilar información? La mejor manera de responder a esta pregunta es a través de la representación de un escenario. Imagine que un empleado tiene un problema, y publica en algún lugar en un foro o en las redes sociales al respecto. Muy a menudo, podría dejar su dirección de correo electrónico en algún lugar. Al encontrar esta dirección de correo electrónico, puede empezar a manipularla para encontrar una manera de acceder a los sistemas de la empresa. Es bastante común que las empresas coincidan con la dirección de correo electrónico de un empleado con un nombre de usuario. Una vez que conozca la dirección de correo electrónico, puede utilizar la información antes del símbolo de la "" para llegar a algunos nombres de usuario potenciales. A continuación, puede utilizarlos en un intento de forzar la fuerza bruta su camino en los sistemas o servicios de la empresa, como Secure Shell, redes privadas virtuales y más. Para ello, discutiremos esta parte con más detalle en el próximo capítulo.

Ahora que sabes por qué este paso es importante, vamos a ejecutar The Harvester. Abra el terminal y simplemente escriba "la cosechadora" para iniciar el programa. Antes de hacer nada, utilice el terminal para navegar a la ubicación donde está instalada la herramienta. Por lo general, las herramientas de prueba de penetración se pueden encontrar dentro del directorio /usr/bin si está utilizando Kali. Ahora dígale al cosechador que inicialice el siguiente comando escribiendo:

./theharvester.py -dtestsite.com -l 10 -b google

El sitio web "testsite.com" se buscará en busca de correos electrónicos, subdominios y hosts que le pertenezcan. Vamos a desglosar el comando un poco más para que entienda completamente cómo funciona. La sección "./theharvester.py" se utiliza para llamar a la herramienta. La parte "-d" es necesaria para especificar el destino. El "-l" (caso inferior L, no debe confundirse con 1) es necesario para limitar el número de resultados que recibimos. En nuestro ejemplo, le decimos a la herramienta que devuelva 10 resultados y no más. A continuación, se utiliza el "-b" para indicar a la herramienta a qué repositorio buscar. En nuestro ejemplo, fuimos con Google, sin embargo, también puede elegir LinkedIn, Bing y así sucesivamente. Ahora echemos un vistazo a los resultados que obtenemos al usar The Harvester.

Si la búsqueda se realizó correctamente, debería ver una lista de direcciones de correo electrónico y dominios asociados con el sitio web de destino. Los correos electrónicos que puede utilizar en un paso posterior de las pruebas de penetración, sin embargo, los nuevos dominios pueden ser útiles en este momento. Cada vez que descubras un nuevo dominio o subdominio relacionado con tu objetivo, debes iniciar todo el proceso de recopilación de información. El reconocimiento es cíclico porque siempre puedes encontrar nuevos objetivos de los que puedes recopilar más datos. Nunca ignores nuevos objetivos, porque pueden conducir a la clave que estás buscando. Puede tomar más tiempo, pero saber cómo realizar una investigación adecuada le convertirá en un gran hacker ético.

## Uso de Whois

Whois es un servicio que le permite recopilar información básica sobre su sitio web objetivo. Puede obtener direcciones IP, nombres de host e incluso la información de contacto del propietario del dominio. Su versión de Linux ya debería tener esta herramienta integrada en el sistema, así que vamos a abrir el terminal y empezar escribiendo:

whois testsite.com

Ahora verá información sobre el sitio web que se muestra dentro del terminal. Por ahora usted debe centrar su atención en los servidores DNS que se enumeran sólo por sus nombres. Podemos usarlos más adelante para traducirlos a direcciones IP con el uso de un comando "host", sin embargo, lo discutiremos en la siguiente sección.

Por ahora puede utilizar la versión del sitio web de Whois en su lugar, que es www.whois.net y buscar en el dominio a través de él. Tenga en cuenta que a veces la información que encuentra de esta manera puede ser bastante limitada, sin embargo, hay una solución.

Preste atención a la sección "servidor whois". Puede utilizar en su búsqueda original para consultar el servidor y obtener información adicional. Este es un ejemplo de toda la información que puedes recopilar de esta manera:

[whois.safenames.net]

Nombre de dominio: testserver.com
[REGISTRO]
Nombre de la organización: }nuevo
Nombre de contacto: Administrador de dominio
Dirección Línea 1: Prueba del Bulevar 42
Línea de dirección 2: Tester's Street, Testerson
Ciudad/ Ciudad: Testershire
Estado/Provincia:
Código postal: 123456
País: Testland
Teléfono: 1111 222 34521
Fax: 1111 222 34521
Correo electrónico: domainsupport@newtester.com
[ADMIN]
Nombre de la organización: Nombres de prueba
Nombre de contacto: Administrador de dominio
Línea de dirección 1: PO Box 4200
Dirección Línea 2:
Ciudad/Ciudad: Testville
Estado/Provincia:
Código postal:

País: Testland

Teléfono: 1122 212 233311

Fax: 1122 212 233311

Correo electrónico: hostmaster@testnames.com

[TECNICO]

Nombre de la organización: Pruebas internacionales

Nombre de contacto: Pruebas internacionales

Línea de dirección 1: PO Box 1200

Dirección Línea 2:

Ciudad/Ciudad: Testville

Estado/Provincia:

Código postal: 420021

País: Testland

Teléfono: 1122 2562 273771

Fax: 1122 2562 273771

Correo electrónico: tech@testnames.com

Como se puede ver en esta lista algo larga de contenido, puede obtener una gran cantidad de información con sólo conocer un nombre de dominio y cómo utilizar Whois. Puede obtener información sobre la dirección, el número de teléfono, los correos electrónicos y mucho más de una empresa. Todo esto es información que necesita ser registrada porque le ayudará más adelante durante los próximos pasos de las pruebas de penetración.

### Traducción de nombres de host

Como ya ha notado, a veces al recopilar información se encuentran con varios nombres de host en lugar de direcciones IP. Cuando eso sucede, puede traducirlos a IP utilizando una herramienta especial. Kali ya viene con una herramienta de este tipo instalada, así que vamos a abrir el terminal y tipo:

host target_hostname

Vamos a fingir que durante nuestra investigación encontramos un servidor DNS con el nombre de host "ns2.testhost.com". Ahora necesitamos traducir esto a una dirección IP, así que escriba el siguiente comando en el terminal:

anfitrión ns2.testhost.com

El resultado debería tener un aspecto similar al siguiente:

ns2.testhost.com tiene la dirección 22.33.444.555

Simple, ¿noes así? Incluso puede utilizar este comando en sentido inverso si tiene una dirección IP y desea aprender el nombre de host. Simplemente escriba:

dirección IP del host

### *Extraer datos de DNS*

DNS es una parte central de Internet, y puede ser un objetivo lucrativo para un probador de penetración o hacker debido a la información que contiene. Este componente se encarga del proceso de traducción de nombres de dominio a direcciones IP. Es posible que le resulte fácil recordar Google.com, pero los equipos prefieren trabajar con la dirección IP. Así que los servidores DNS realizan este servicio de traducción entre nosotros y las máquinas para mantenernos felices a ambos.

Como hacker ético, usted tendrá que centrarse en los servidores DNS de su objetivo simplemente porque necesitan ser conscientes de todas las direcciones IP y nombres de dominio que pertenecen a las máquinas en su red. Si logra obtener acceso al servidor DNS de una organización, encontró un tesoro lleno de direcciones IP internas. Tenga en cuenta que la recopilación de dichas direcciones IP es uno de sus principales objetivos al realizar el primer paso de las pruebas de penetración.

Otra razón por la que debe centrarse en los servidores DNS es que tienden a ser algo descuidados por los administradores de red que carecen de experiencia. Trabajan guiados por el principio "si no está roto, no lo toques". En muchos casos, los servidores DNS se quedan sin parches, actualizaciones y sus configuraciones rara vez cambian. Hay muchos servidores DNS mal configurados por ahí para que usted pueda tomar ventaja de, pero ¿cómo se accede a ellos?

En primer lugar, necesitará una dirección IP. Afortunadamente, anteriormente en nuestro proceso de recopilación de información encontramos algunas referencias a DNS, ya fueran por dirección IP o por nombre de host. En el caso de los nombres de host, puede utilizar el comando host para traducirlos a direcciones IP para que pueda agregarlos a su lista de destinos. Ahora que tiene la lista, puede empezar a interrogar el DNS. Puede extraer información intentando una transferencia de zona al interactuar con el DNS.

Muchas redes aprovechan el equilibrio de la carga mediante el uso de varios servidores DNS. Esto significa que comparten información entre sí, y eso se hace a través de una transferencia de zona. Si el servidor DNS está mal configurado por un administrador de red inexperto, realice una transferencia de zona usted mismo y copie el archivo de zona que incluye todos los nombres, direcciones y funciones de los servidores.

El primer paso para realizar una transferencia de zona es identificar el servidor DNS para un dominio determinado. Aquí es donde la herramienta host de anteriores es útil. Escriba en el terminal:

host -t ns testtransfer.com

El comando "host" realizará una búsqueda DNS del destino especificado, que es el servidor de nombres (-t ns). Usted no consigue el servidor DNS que se parece a este "nsttc1.test.master". Con esta información, ahora puede intentar una transferencia de zona escribiendo:

host -l testtransfer.com nsttc1.test.master

La herramienta de búsqueda DNS (host) intenta realizar una transferencia de zona (-l) con el dominio de destino testtransfer.com y el servidor DNS identificado nsttc1.test.master.

Tenga en cuenta que esto podría no funcionar porque depende de la configuración de DNS. Sin embargo, hay algo más que puede probar cuando se produce un error en una transferencia de zona. Lo discutiremos en la siguiente sección.

## Cuando falla la transferencia de zona

Como ya hemos explicado, las transferencias de zona pueden ser eficaces si un servidor DNS está mal configurado o mal administrado debido a los administradores de red menos informados. Sin embargo, muchos de ellos son conscientes y saben qué hacer para evitar que usuarios no autorizados realicen transferencias de zona. Por suerte, hay alternativas a esto. Hay muchas herramientas por ahí diseñadas específicamente para interrogar servidores DNS y extraer la información que necesita. Un ejemplo de tal herramienta es Fierce. Kali viene con este potente script ya instalado en el directorio /usr/bin. Todo lo que tienes que hacer es abrir el terminal y escribir lo siguiente para ejecutarlo:

cd /usr/bin/fierce

Para actualizar la memoria, también puede navegar al directorio y luego ejecutar el script simplemente emitiendo el comando "fierce". Ahora, vamos a usar la herramienta. Tipo:

./fiercy.pl -dns testsec.com

Recuerde que el "./" se utiliza para ejecutar el script desde su directorio local. El comando en sí es bastante auto-explicativo. El script intentará completar una transferencia de zona desde el destino. Sin embargo, si falla, Fierce intentará forzar brutalmente los nombres de host. Puede recuperar el objetivo adicional de esta manera que puede interrogar aún más.

## Ingeniería Social

Ningún tema sobre la recopilación de información está completo sin discutir la ingeniería social. Esta técnica implica aprovechar las debilidades humanas que existen en todas las empresas y organizaciones. Con la ingeniería social, el objetivo es manipular a un empleado hasta que revele información clave que de otro modo se mantiene confidencial.

Imagine un escenario en el que está realizando una prueba de penetración en su objetivo. Durante la fase de investigación temprana, encontrará la información de contacto de alguien en el departamento de ventas. Es lógico suponer que alguien que trabaja en ventas es muy probable que responda a correos electrónicos o incluso llamadas telefónicas. Así que les escribes un correo electrónico fingiendo que eres alguien interesado en sus servicios o productos. Solicita más información y recibe una respuesta. La información de contenido del correo electrónico es irrelevante. Lo que buscas es el propio correo electrónico. Puede revisarlo, ejecutar varias herramientas para extraer información de él y obtener información sobre los servidores de correo electrónico de la organización.

Llevemos nuestro ejemplo de ingeniería social a otro nivel. Usted encomió por correo electrónico al representante de ventas y recibió un mensaje automático diciendo que está de vacaciones para la próxima semana. Con este poco de información, puede llamar a la empresa y hacerse pasar por este empleado que está fuera durante una semana. Usted puede decir que usted está en el extranjero y por alguna razón no tiene acceso a su correo web. El soporte técnico de la compañía no tendrá muchas razones para dudar de usted, por lo que es probable que restablezca la contraseña y se la dé. Ahora tiene acceso valioso a una cuenta de correo electrónico que contiene información sobre la comunicación interna, los números de ventas y los clientes. Este ejemplo de ingeniería social puede parecer descabellado al principio, pero manipular a las personas a través de las redes sociales, correos electrónicos y llamadas telefónicas es común entre los hackers profesionales. Sin embargo, esto requiere confianza, cierto conocimiento sobre la empresa y la flexibilidad para improvisar cuando la conversación no va exactamente a tu manera.

Otro gran ejemplo de ingeniería social implica mucho menos socializar y es extremadamente común. ¿Alguna vez encontraste una unidad flash en un lugar peculiar y te has preguntado qué hay en ella? Muchas personas lo han hecho, y está en la naturaleza humana enchufarlo y ver lo que hay en él. Por esta razón, muchos hackers dejan estratégicamente las unidades USB alrededor de las oficinas de una empresa. Es fácil entrar, pedir a la recepcionista algunas direcciones y una vez distraído "olvidar" una unidad flash en el escritorio, o cerca de él. Eventualmente, alguien lo recogerá y se conectará a una computadora para ver de quién es o qué hay en ella. Como hacker, instalaría programas de puerta trasera que se inician automáticamente cuando la unidad está conectada. Estas herramientas se ejecutarán en segundo plano sin ser notado y le permiten conectarse a sus sistemas de forma remota.

Nunca subestimes el poder de la ingeniería social. La gente siempre comete errores, y muchos de ellos a veces son demasiado confiados, pensando que la información que revelan no es valiosa para nadie. Sólo asegúrese de que está autorizado a recopilar información de esta manera.

### Sifting a través de los datos

Una vez que haya utilizado todas las técnicas de recopilación de información a su disposición, es necesario programar algún tiempo para tamificar todos los datos. Después de un proceso de reconocimiento adecuado, usted debe tener una gran cantidad de información registrada a su disposición. Debería ser suficiente para que usted pueda utilizar con el fin de aprender acerca de la estructura de la organización y las tecnologías con las que trabajan.

Cuando revise todos los datos, asegúrese de mantenerse organizado - de lo contrario, perderá mucho tiempo durante pasos posteriores. Debe crear listas o archivos independientes que contengan direcciones IP importantes, direcciones de correo electrónico, nombres de hosts, dominios web, etc. Una gran parte de esta información también consistirá en datos que no sean IP, y se le pedirá que transforme todo lo que sea relevante en direcciones IP. Utilice Google o la herramienta host para agregar más información a su lista de direcciones IP.

Después de eliminar los datos inútiles y organizar las direcciones IP atacables, debe detenerse por un momento y considerar el alcance de la prueba de penetración. Piense si está autorizado a atacar ciertas direcciones IP o no. En esta etapa de la evaluación, debe ponerse en contacto con la empresa y analizar si puede aumentar el alcance de la prueba de penetración con el fin de atacar todas las direcciones relacionadas, o eliminarlas de su lista. Reduzca todo hasta que se quede con una breve lista de direcciones IP a las que se le permite atacar.

Ahora que aprendiste sobre los métodos de reconocimiento, deberías empezar a practicarlos si aún no lo has hecho. La clave para adquirir conocimientos es la práctica, la práctica y más práctica. Pero, ¿cómo puedes practicar si no estás autorizado a realizar una prueba de penetración? En este punto, usted debe aferrarse a su sombrero de hacker ético y evitar realizar cualquier tipo de recopilación activa de información. Eso es intrusivo y puede meterte en problemas. Sin embargo, el reconocimiento pasivo es aceptable porque no te conectas al sistema de nadie. Puede utilizar Internet para obtener información sobre cualquier negocio libremente.

# Capítulo 5

# Escaneado

Ahora que aprendió y practicó los conceptos básicos de la recopilación de información, está lo suficientemente preparado para dar el siguiente paso. Como hemos discutido en el capítulo anterior, el objetivo principal del reconocimiento es crear una lista de direcciones IP en su mayoría que pertenezcan a su objetivo. Esta lista es necesaria para proceder al paso dos de las pruebas de penetración.

En este capítulo exploraremos el escaneo. Hay redes hoy en día que están completamente aisladas de Internet y sin ningún tráfico web. Existen redes para permitir que alguna información fluya dentro y fuera. Esto es una necesidad, sin embargo, los hace vulnerables a los atacantes. Como probador de penetración, empleará el proceso de escaneo, que identifica los sistemas y servicios conectados contenidos dentro de esos sistemas.

En este capítulo dividiremos la metodología de escaneo en cuatro partes principales. Discutiremos cómo determinar si un sistema está vivo con los paquetes ping. Realizaremos el escaneo de puertos con Nmap. A continuación, usaremos el motor de secuencias de comandos Nmap para extraer más información del destino. Y por último, vamos a escanear un sistema en busca de vulnerabilidades mediante el uso de Nessus.

## Barridos de ping

Este paso del proceso de escaneo está destinado a determinar si el sistema de destino está encendido y puede comunicarse con nosotros. Tenga en cuenta que este paso no es confiable y no importa qué resultados tenga, siempre debe continuar con los siguientes pasos.

¿Qué es un ping?

Un ping es un tipo de paquete de red que funciona enviando tráfico de red a una máquina. Si el equipo recibe este mensaje y está conectado a la red sin ningún tipo de restricciones, enviará una respuesta en forma de eco. Esto nos permitirá saber que la máquina receptora está encendida y acepta el tráfico. También obtenemos información sobre cuánto tiempo tarda el ping en llegar al receptor y luego volver al transmisor. Así es como puede enviar un ping. Abra su terminal Linux y escriba:

ping our_target_IP

Como puede ver, para enviar un ping necesitamos saber la dirección IP de nuestro objetivo. Reemplace "our_target_IP" por la dirección real de su destino. Así es como debe verse el proceso:

ping google.com

Ping google.com (74.125.225.6) 56(84) bytes de datos.
64 bytes de ord08s05-in-f6.1e100.net(74.125.225.6): icmp_seq-1 ttl-128 Time-31.2 ms
64 bytes de ord08s05-in-f6.1e100.net(74.125.225.6): icmp_seq-2 ttl-128 Time-28 ms
64 bytes de ord08s05-in-f6.1e100.net(74.125.225.6): icmp_seq-3 ttl-128 Time-29.1 ms
64 bytes de ord08s05-in-f6.1e100.net(74.125.225.6): icmp_seq-4 ttl-128 Time-26.4 ms

Supongamos que ha Google.com y analiza el resultado que obtiene. Busque la primera línea que comienza con "64 bytes de...". En realidad debería ser la tercera línea, y nos dice que nuestro ping alcanzó el objetivo y también recibimos una respuesta de él. La parte de 64 bytes de la línea nos informa el tamaño de la respuesta. A continuación tenemos "de ord08s05-inf6.1e100.net(74.125.225.6):" que nos dice el nombre de host y la dirección IP que respondió a nuestro ping. El "icmp_seq-1" es simplemente el orden del paquete, seguido por "ttl - 128" que visualiza el número de saltos que el ping tomará antes de que expire automáticamente. El último bit de información es "Tiempo a 31,2 ms" y determina el tiempo que se necesitaba para que el ping viajara hacia y desde la IP objetivo.

Ahora que usted entiende cómo funciona un ping, vamos a discutir cómo usted puede hacer un mejor uso de este comando como un hacker. Puesto que sabemos que un ping puede establecer si el host está activo o no, podemos usar una herramienta de ping como mecanismo de detección de host. Para lograr esto vamos a utilizar una herramienta automatizada, porque pinging una red manualmente no es un uso eficiente de su tiempo. Incluso las redes diminutas pueden tomar algún tiempo, así que vamos a usar una herramienta de barrido de ping para hacer todo el trabajo por nosotros.

¿Qué es un barrido de ping? Es una forma de enviar una oleada de pings automáticamente a cualquier número de direcciones IP en lugar de enviar un ping a la vez. En nuestro ejemplo, vamos a utilizar una herramienta incorporada llamada "FPing" al lanzarla desde el terminal. Así es como se vería el comando:

fping -a -g 165.18.42.1 165.18.42.255>hostfile.txt

Vamos a desglosar esta orden para entenderlo mejor. Usamos "-a" para que FPing muestre solo los hosts activos en nuestros resultados. Esto hará que la salida sea más legible y fácil de grabar. A continuación tenemos el "-g" que utilizamos para decirle a la herramienta que queremos barrer a través de una gama de direcciones IP. Después de la "-g" introducimos el rango de P.I. comenzando desde "165.18.42.1" y terminando con "165.18.42.255". A continuación, usamos el símbolo ">" para enviar los resultados a un archivo de texto llamado "hostfile.txt". Este archivo se creará automáticamente y contendrá la salida de nuestro barrido de ping. A continuación, puede abrir el archivo con la ayuda de un editor de texto como Leafpad, o simplemente puede utilizar el comando "gato" dentro del terminal después de crear el archivo. Este comando abrirá un archivo que ya existe dentro del terminal. Simplemente escriba:

cat hostfile.txt

Ahora verá una serie de direcciones IP que respondieron a nuestra prueba de ping. Debe agregarlos a la lista, ya que puede usarlos más adelante para realizar más investigaciones. Tenga en cuenta, sin embargo, que sus resultados pueden variar. Algunos hosts no responderán a su barrido de ping debido a varios firewalls o porque están configurados para bloquear paquetes de ping.


**Escaneo de puertos**

Este es el segundo paso de su metodología de escaneo. El propósito de este proceso es descubrir los puertos abiertos y los servicios que ejecutan un host determinado. Pero, ¿qué es exactamente un puerto y qué hace? Los puertos simplemente permiten que las redes y los programas se comuniquen con el hardware. En pocas palabras, un puerto es sólo una conexión de datos que hace posible que un ordenador se comunique. Antes de que existiera esta interconectividad, la única manera de que los equipos se comunicaran entre sí era compartiendo unidades físicas como disquetes. Esto no fue muy eficiente, pero afortunadamente los puertos, especialmente varios puertos, hicieron posible la comunicación entre computadoras sin perder tiempo con la conexión y desconexión de unidades físicas.

Ahora que tenemos una lista de direcciones IP desde el primer paso, podemos examinarlas para averiguar qué puertos están abiertos. Recuerde que un puerto abierto puede ser una puerta abierta en el sistema del objetivo. Cada puerto tiene un servicio correspondiente. Por ejemplo, el puerto número 20 gestiona las transferencias de datos FTP. Hay decenas de miles de puertos en un equipo, y cada uno cumple una tarea específica como el servicio de correo electrónico o la impresión. Debido a esto, el escaneo de puertos es más como ir a una gran mansión y llamar a todas las puertas para ver quién responde donde. Por ejemplo, si descubre que el puerto 80 está abierto, puede conectarse a él y obtener información sobre el servidor web del destino.

La exploración de puertos no se realiza manualmente debido al gran número de puertos. Una buena herramienta para el escaneo automatizado es Nmap, y ya está disponible en la mayoría de las versiones de Kali. Puede ejecutar esta herramienta desde un acceso directo, pero seguiremos utilizando el terminal en su lugar para que se acostumbre a él. Como nota lateral, por favor no tome la salida fácil mediante el uso de la interfaz gráfica de usuario. Como hacker, tienes que trabajar mucho con el terminal y las líneas de comando. Si no practicas desde el principio trabajando solo con comandos, lo pasarás muy mal más tarde con el terminal. Debe entender cómo funciona esta herramienta porque más adelante, como probador de penetración apto, tendrá que ampliar varios scripts y automatizar aún más sus instrucciones para que pueda trabajar de manera más eficiente. No podrás hacer nada de eso si te saltas lo básico. Un hacker no funciona como en las películas. Para sus futuras asignaciones, todo lo que tendrá acceso es un shell seguro, que se ve y funciona como su terminal, pero accederá a un ordenador diferente en su lugar. Todo esto se hace a través de instrucciones de línea de comandos. Ahora comencemos con nuestro primer escaneo de puertos.

### *Realización de un análisis de TCP Connect*

Comenzaremos la exploración de puertos con el más básico de todos los escaneos. La herramienta Nmap pasará por cada puerto especificado y completará un apretón de manos de tres vías. Este tipo de análisis se considera básico porque no bloqueará el sistema del objetivo. Creará el apretón de manos de tres vías, y luego cerrará la conexión en silencio. Pero, ¿qué es un apretón de manos de tres vías?

Este concepto es probablemente más fácil de explicar a través de una analogía simple. Imagínate usar un teléfono anticuado para llamar a alguien. La persona a la que llamas no sabe quién está sonando, así que responde "¿Hola?" Entonces empiezas a presentarte: "Hola, es Bob". Como respuesta a esta introducción, el receptor le reconocerá respondiendo "¡Oh, oye Bob!" A partir de este momento, la llamada irá normalmente porque ambos tienen suficiente información sobre el otro. Así es como las computadoras se comunican también. Un equipo se conecta a un segundo equipo enviando un paquete a uno de sus puertos. Si el segundo equipo presta atención al primero, responderá con otro paquete. Cuando el primer equipo recibe esta comunicación, responderá con otro paquete. A partir de este punto se comunicarán con normalidad. Ahora veamos cómo funciona el comando Nmap.

Nmap requerirá el rango de puertos que debe escanear. Si no introduce ningún rango, solo analizará los primeros 1000 puertos más comunes. Se recomienda encarecidamente que los escanee todos, ya que algunos administradores de red desviarán un servicio a un puerto diferente. Así es como se vería un análisis de puerto con Nmap:

nmap -sT -p- -Pn 192.142.16.128

Analicemos este comando. La primera parte, "nmap", llama a la herramienta para que se inicie. El siguiente "-sT" se utiliza para especificar que queremos un análisis de conexión TCP. Vamos a discutir el "-sT" un poco más. La parte "-s" se utiliza para especificar el tipo de análisis. La parte "T" del comando le dice a Nmap que nos gusta un análisis TCP. Una vez que especificamos el tipo, usamos "-p-" para indicar a la herramienta que escanee todos los puertos existentes y no solo los 1000 más comunes. Por último, usamos el "-Pn" para indicar a Nmap que evite la fase de detección del host, porque queremos examinar todas las direcciones como si todas respondieran. La última sección del comando es la dirección IP. El resultado de la exploración se vería algo como esto:

Informe de análisis de Nmap para 192.142.16.128
El host está para arriba (0.00037s latencia)
No se muestra: 65521 puertos cerrados
PORT          StateService
21/tcp        openftp
22/tcp        abierto ssh
23/tcp        opentelnet
25/tcp        abierto smtp

Y así sucesivamente.

A veces, es posible que también tenga que ejecutar un análisis en un rango completo de direcciones IP y no solo una. Esto es lo que tal comando se vería como:

nmap -sT -p- -Pn 192.142.16.1 - 253

Nmap ahora escaneará todos los puertos entre 192.142.16.1 y 192.142.16.253. Esta es una forma poderosa de realizar todos los escaneos que necesita automáticamente. Incluso puede dividir los rangos en varios si necesita omitir ciertos rangos IP. De esta manera tendrás mucho menos que escribir.

## Realización de un escaneo SYN

Este es el análisis predeterminado de Nmap y es probablemente el más popular. Si no utiliza la instrucción "-s" para indicar a Nmap el tipo de análisis que desea, realizará un análisis SYN. Es un poco más rápido que un análisis de TCP Connect y es igual de seguro, porque casi no hay riesgo de bloquear el sistema del objetivo. ¿Cómo es más rápido? El análisis SYN no pasa a través de todo el apretón de manos de tres vías como TCP - sólo termina los dos primeros pasos.

Los pasos se son exactamente los mismos que con el análisis de conexión TCP. El equipo envía un paquete al puerto de destino y el receptor envía un paquete de vuelta. Ahora, en lugar de que nuestra máquina envíe un tercer paquete típico, enviará un paquete de restablecimiento. Este tipo de paquete indica al equipo que ignore los paquetes anteriores y simplemente cierre la conexión. Debido a que hay menos paquetes que se envían entre los dos equipos, el análisis funciona más rápido. Si nos atenemos a nuestra analogía anterior, este escaneo funciona algo así: Llamas al número de teléfono de alguien, él responde con "¿Hola?" y luego cuelgas. Esto lleva a otra ventaja para el escaneo SYN, y eso es mantener el sigilo. Por esta razón muchos hackers se refieren a este tipo de escaneo como un escaneo sigiloso. ¿Por qué es sigiloso? Porque la conexión no pasa por todo el camino. El apretón de manos de tres vías es solo parcial y la mayoría de los servicios de registro de actividad ignoran una conexión si no está establecida al 100%. Esto significa que las exploraciones SYN pasan casi sin ser detectadas. Sin embargo, tenga en cuenta que muchos sistemas se han modernizado y que el sigilo no siempre está garantizado. Muchos cortafuegos están configurados específicamente para detectar este tipo de exploraciones sigilosas. Con eso en mente, procedamos con nuestro escaneo.

Como se mencionó anteriormente, este es el análisis predeterminado, por lo que no es necesario especificar el tipo de análisis que desea. Sin embargo, le diremos a Nmap lo que queremos simplemente porque usted debe entender cómo funciona todo. Como aspirante a hacker, usted debe aprovechar cada oportunidad para practicar lo básico. Así es como debe verse el comando en el terminal:

Nmap-sS-P--Pn 192.142.16.128

Como puede ver, el comando es casi idéntico al análisis de conexión TCP anterior que discutimos. La única diferencia está en el tipo de escaneo. Aquí usamos "-sS" para indicar a la herramienta que ejecute un análisis SYN. La "S" en mayúsculas significa análisis SYN, mientras que en nuestro ejemplo anterior tuvimos una "T" en mayúsculas que significa el análisis TCP Connect. Este es el aspecto que debería tener el resultado del análisis SYN:

Informe de análisis de Nmap para 192.142.16.128
El host está para arriba (latencia de 0.00022s)
No se muestra: 65521 puertos cerrados
PORT          StateService
21/tcp        openftp
22/tcp        abierto ssh

23/tcp          opentelnet
25/tcp          abierto smtp

Y así sucesivamente.

Los resultados son de hecho los mismos, y obtenemos la misma información sobre los puertos de ambos escaneos. Sin embargo, preste atención a cuánto tiempo tardó el análisis en ejecutarse. El proceso se completó mucho más rápido. Entonces, ¿por qué molestarse con un análisis de TCP Connect si los resultados son los mismos, pero el análisis SYN es más rápido? Debido a que es mucho más probable que el destino acepte el análisis de TCP Connect que el análisis sigiloso. Los firewalls permitirán esta conexión porque intenta comunicarse con el destino de la misma manera que lo hacen las aplicaciones y los navegadores web.

### Realización de un análisis UDP

Muchos nuevos probadores de penetración cometen el error de ignorar el análisis UDP. Es común que los hackers aspirantes realicen el análisis predeterminado de Nmap y luego pasen directamente al escaneo de vulnerabilidades. ¡No haga sin el mismo error!

Antes de sumergirnos, es importante entender que los dos primeros análisis, a saber, los análisis TCP Connect y SYN, utilizan TCP para la comunicación. Las máquinas establecen la comunicación mediante protocolos TCP o UDP, sin embargo, no son lo mismo.

TCP se basa en la conexión porque los equipos necesitan mantener la comunicación de forma coherente. El protocolo garantiza que las comunicaciones se envían de ida y vuelta entre el remitente y el receptor sin perder ningún bit de información. UDP, por otro lado, se considera que no tiene conexión porque la información se envía al receptor sin ninguna confirmación que garantice que los datos han llegado. Ambos protocolos vienen con sus pros y sus contras, sin embargo usted necesita saber acerca de ambos para ser eficaz en el escaneo del puerto.

Echemos un vistazo a nuestra analogía anterior para una mejor comprensión de cómo funciona UDP. Usamos un ejemplo de llamada telefónica para describir el apretón de manos de tres vías entre computadoras. Cuando se trata de UDP, sería más preciso describirlo con la acción de dejar caer una carta dentro del buzón de alguien. Escribes la dirección, sueltas la carta y esperas que el cartero la recoja y la envíe al destino correcto. No hay garantía real de que la carta llegue a todo.

Ahora que usted entiende la diferencia básica entre los dos protocolos, es importante ser consciente de que no todos los servicios utilizan el protocolo TCP. La administración de red, la configuración del host y el sistema de nombres de dominio son solo algunos ejemplos de dichos servicios que utilizan el protocolo UDP. Esta es la razón por la que necesita ser minucioso con sus escaneos o puede perderse información valiosa. Ahora vamos a ordenar Nmap para realizar un análisis UDP para que no ignoremos ningún servicio. Escriba en el terminal la siguiente línea:

nmap -sU 192.142.16.128

Preste atención a la diferencia entre el escaneo UDP y los otros dos escaneos que realizamos hasta ahora. En nuestra instrucción, primero tenemos que especificar el tipo de escaneo. Hacemos eso con la "-sU" donde la "U" significa UDP. Otra diferencia clave que puede haber notado es que ya no usamos los interruptores "-p-" y "-Pn". ¿por qué? La respuesta es simple. Los escaneos UDP son mucho más lentos, incluso cuando escaneamos sólo los puertos 1000 más importantes. Este es un ejemplo de cómo se vería el análisis UDP:

Informe de análisis de Nmap para 192.142.16.128
El host está para arriba (latencia de 0.0016s)
No se muestra: 946 puertos cerrados, 52 abiertos puertos filtrados
PORT          StateService
53/udpopendomain
137/udpopen   netbios
Dirección MAC: 00:0C:28:B7:64:CC (VMware)

Tenga en cuenta que una conexión UDP no necesita una respuesta del receptor. Si el equipo de destino no responde que se recibió el paquete, ¿cómo puede Nmap saber si se abre un puerto o se cortafuegos? En este ejemplo, podemos ver que un paquete consiguió a través y otro fue bloqueado. Sin embargo, debido a la falta de un paquete que se envía al remitente, no podemos saber si el paquete fue tomado por cualquier servicio o bloqueado por un firewall. Esta es la razón por la que Nmap no puede determinar si un puerto UDP está firewallizado (también conocido como filtrado) o abierto. Entonces, ¿por qué molestarse con este tipo de escaneo si la información que obtenemos podría no ser tan precisa o diferente de las otras exploraciones? Bueno, podemos salvar el día con el interruptor "-sV" que se refiere al escaneo de versiones y puede reducir nuestros resultados.

Cuando habilitamos el escaneo de versiones, la herramienta prueba todos los puertos abiertos y filtrados. Este sondeo adicional intentará determinar el tipo de servicios enviando paquetes especiales. Estos paquetes son muy propensos a forzar una respuesta de nuestro objetivo. Cuando tengan éxito, deberíamos ver un cambio de "abrir" filtrado" a simplemente "abrir" en nuestros resultados. Así es como puede agregar el modificador "-sV" a nuestra línea de comandos:

nmap -sUV 192.142.16.128

Como puede ver, puede conectar más conmutadores añadiendo la "V" a la "U" para especificar que queremos un tipo UDP de escaneo con el escaneo de la versión habilitado.

## Análisis de vulnerabilidades

Ahora que compilamos una lista de direcciones IP y puertos abiertos, podemos analizarlas en busca de vulnerabilidades. Este paso es crucial porque necesitamos encontrar las debilidades del sistema objetivo para poder explotarlas más tarde. Las vulnerabilidades vienen en diferentes formas y tamaños, pero la más común se debe a que faltan actualizaciones. La mayoría de las veces, las empresas de desarrollo de software lanzan parches porque encontraron una vulnerabilidad que necesita ser reparada. La falta de un parche deja una ventana abierta para que el hacker acceda de forma remota. Esto se hace con la ejecución remota de código. ¿Qué significa eso?

La ejecución remota de código se refiere a la capacidad del hacker para obtener el control de otro equipo como si él o ella está operando directamente mientras está sentado frente a él. Esto se considera uno de los mejores ataques porque el atacante puede obtener el control total. A continuación, pueden manipular archivos, instalar programas, eliminar firewalls, crear entradas de puerta trasera para su uso posterior y mucho más.

Es importante comprender completamente el proceso de análisis de vulnerabilidades porque conduce directamente al paso tres de las pruebas de penetración, que es la explotación. Para empezar, primero tendremos que poner nuestras manos en un escáner de vulnerabilidades. Hay muchos de ellos por ahí, por lo que puede hacer su propia investigación si lo desea, pero para el propósito de esta sección vamos a utilizar una herramienta gratuita llamada Nessus. Este programa se puede instalar en cualquier sistema operativo, incluyendo Linux. Aquí hay una guía de instalación rápida:

1. Descargue el software desde el sitio web del desarrollador www.nessus.org

2. Tendrá que registrarse para obtener una clave de activación gratuita de uso doméstico. También hay una versión pro

para uso comercial, pero no necesitamos eso. Tendrá que enviar su correo electrónico y recibirá su clave de producto.

3.  Instale Nessus en su ordenador.

4.  Cree una cuenta de usuario. Es necesario para acceder al sistema

5.  Active el producto con la clave que ha recibido.

6.  Actualiza cualquier plugin.

7.  Abre un navegador como Firefox y conéctate al servidor Nessus.

Alternativamente, puede instalar la herramienta a través del terminal. Comience escribiendo:

apt-get instalar Nessus

A continuación, debe crear la cuenta de usuario. Escriba el siguiente comando:

/opt/nessus/sbin/nessus-adduser

Ahora se le pedirá que cree un nombre de usuario y una contraseña. Tendrá que responder algunas preguntas durante la configuración del usuario. Una vez que haya creado la cuenta de usuario, debe activar la clave de registro escribiendo:

/opt/nessus/bin/nessus-fetch --register type_your_registry_key

Reemplace "type_your_registry_key" por la clave que recibió. Tenga en cuenta que esta clave solo es válida para una sola instalación. Si necesita reinstalar el programa por cualquier motivo, tendrá que solicitar otra clave. Una vez completado el registro, tendrás que esperar unos minutos mientras todos los plugins se descargan e instalan en tu ordenador. Una vez hecho ese proceso, conéctese al servidor Nessus escribiendo:

/etc/init.d/nessusd start

¡Eso es todo! Sin embargo, vale la pena mencionar que es posible que aparezca un mensaje de error "no se puede conectar" al reiniciar el equipo. Si eso sucede, simplemente abra el terminal y vuelva a escribir el último comando que se utiliza para conectarlo al servidor.

Una vez que haya instalado el servidor, tendrá acceso a él activando su navegador de su elección y escribiendo https://127.0.0.1:8834 en el campo URL. Puede tardar un par de minutos hasta que esté conectado debido a los plugins que necesitan cargar. A continuación, recibirá una pantalla de inicio de sesión en la que escriba el nombre de usuario y la contraseña que creó durante el proceso de instalación. Ahora que está dentro, puede navegar por Nessus haciendo clic en los encabezados en la parte superior de la página. Verá una sección de Análisis, Plantillas, Resultados, Usuarios, Configuración y Políticas.

Sin embargo, antes de poder hacer nada, debe crear una directiva de análisis o usar una que ya haya sido creada por Nessus. Asegúrate de que las comprobaciones seguras estén habilitadas, ya que ciertos plugins podrían intentar explotar un sistema durante el análisis de vulnerabilidades, y no queremos eso. Hay muchas otras opciones al crear una directiva, pero puede dejarlas de forma predeterminada si lo desea. Una vez que haya terminado, haga clic en "Actualizar" y se configurará su política de análisis. Ahora puede usarlo para tantos análisis de vulnerabilidades como necesite.

El siguiente paso es comenzar a ejecutar un análisis. Para configurar uno, haga clic en el botón "Escanear", seguido por el botón "Nuevo escaneo". Esto abrirá una ventana donde puede configurar el análisis. Puede escribir direcciones IP únicas o agregar una lista completa de direcciones IP de varios hosts almacenados en un archivo de texto. Asegúrese de escribir un nombre, seleccione la directiva e introduzca las direcciones de destino. Una vez que haya terminado con la configuración de escaneo, puede hacer clic en "Crear análisis" y ejecutar el análisis. Una vez completado el proceso de escaneo, puede ir a la sección "resultados" y ver el informe. Encontrará una lista completa de vulnerabilidades que fueron descubiertas por la herramienta. Por ahora, debe centrarse solo en aquellos que están marcados como "críticos" o "altos". Se utilizarán más adelante para acceder al sistema de destino. Ahora debería tener suficientes datos para comenzar la fase de ataque.

# Capítulo 6

## Explotación

Realizó una investigación exhaustiva sobre su objetivo con varias técnicas de recopilación de información, y expuso sus vulnerabilidades escaneando sus puertos. Finalmente está listo para continuar con el paso de explotación de las pruebas de penetración.

Este paso consiste en obtener acceso al sistema de alguien y ser capaz de manipularlo. Tenga en cuenta, sin embargo, que esto no significa que siempre debe obtener un control total sobre una máquina. Por ejemplo, es posible que pueda utilizar un exploit que le permite descargar archivos de forma remota, pero no puede editarlos. Para ser más específico, un exploit es simplemente un método de aprovecharse de un defecto de diseño de seguridad que le permite penetrar en el sistema. Convierte el ordenador de tu objetivo en una marioneta y tira de sus cuerdas hasta que siga todos tus comandos. En otras palabras, conviertes la vulnerabilidad en un arma, y lanzarla es lo que llamamos explotación.

De todos los pasos y procesos que hemos discutido hasta ahora, este es el que más interés atrae de los aspirantes a hackers. Esta es la razón principal por la que muchos de ellos ignoran las técnicas de recopilación de información adecuadas y se apresuran con el escaneo del puerto realizando sólo el escaneo predeterminado. La razón por la que explotar es tan popular y excita a tantos es porque esto es lo que define al hacker, en sus mentes. Por no hablar de todas las películas que glorifican el uso de exploits mediante la introducción de valor de choque en el proceso de piratería. Nunca olvide que todos los pasos de las pruebas de penetración son valiosos para una prueba exitosa. Como advertencia final, no omita los pasos anteriores para llegar rápidamente a la parte de explotación.

Como se mencionó anteriormente en este libro, esta fase de la prueba es la más amplia y ambigua. ¿por qué? Porque cada sistema es tan diferente que hay demasiadas variables a tener en cuenta al atacar al objetivo. Todos son únicos, y siempre tomas un curso de acción diferente dependiendo de toda la información que hayas descubierto en los dos primeros pasos.

En este capítulo, vamos a tratar de llevar la estructura y el orden a esta fase con el fin de tratar de aclarar el proceso de explotación. Vamos a discutir el acceso a sistemas remotos, el uso de crackers de contraseñas, el restablecimiento de contraseñas y más. ¡Vamos a cavar!

## Obtener acceso a servicios remotos

Para esta parte del proceso, deberá prestar atención a las direcciones IP que descubrió durante la fase de escaneo. Busque aquellos que impliquen algún tipo de servicio para el acceso remoto. Algunos ejemplos de estos servicios son Secure Shell (SSH), protocolo de transferencia de archivo o File Transfer Protocol (FTP), la informática de red virtual y los protocolos de equipo remoto. Estos ejemplos son populares porque si el hacker obtiene acceso a ellos, pueden obtener el control sobre ellos.

Cuando un probador de penetración obtiene información sobre estos servicios, normalmente intentará usar un cracker de contraseñas en línea. Este método de ataque funciona intentando forzar brutamente la puerta de enlace al servicio ejecutando una serie de combinaciones de nombre de usuario y contraseña hasta que se encuentra la correcta. Para que esto funcione, sin embargo, el servicio debe estar en ejecución. También puede optar por el agrietamiento de contraseñas sin conexión, pero lo discutiremos un poco más tarde.

### *Uso de crackers de contraseñas en línea*

Los crackers de contraseñas en línea pueden tardar mucho tiempo en pasar por todas las combinaciones posibles hasta que se abra el bloqueo. Sin embargo, si realiza el primer paso de las pruebas de penetración correctamente, es posible que descubra suficiente información que pueda ayudar al proceso de agrietamiento de contraseñas. Los hackers con frecuencia encuentran nombres de usuario y contraseñas almacenados cuando tramitan los datos. Todo lo que hace realmente esta herramienta es enviar nombres de usuario y contraseñas al objetivo hasta que uno funciona, nada más. Si alguna de la información es incorrecta, el software recibe un error e intenta la siguiente combinación. Aunque eventualmente podría encontrar la clave del servicio, podría tomar mucho tiempo hacerlo. Muchos sistemas incluso utilizan una técnica de limitación que le bloqueará después de un cierto número de combinaciones se intentaron. Con esto en mente, echemos un vistazo a algunos de los crackers de contraseñas en línea más populares.

Las herramientas más utilizadas son probablemente Medusa e Hydra. Tienen una funcionalidad muy similar, por lo que para el propósito de este capítulo sólo nos centraremos en Medusa. Sin embargo, vale la pena mencionar Hydra en caso de que desee explorar otra opción por su cuenta.

Medusa es un forcer bruto de inicio de sesión que funciona para obtener acceso a los servidores de autenticación. Es una herramienta altamente versátil que puede autenticarse con muchos servicios remotos. Estos son algunos ejemplos: FTP, MySQL, Microsoft SQL, NetWare Core Protocol, protocolo de archivo de Apple, protocolo de transferencia de correo electrónico, formularios web y muchos más. Para aprovechar las capacidades de Medusa, necesitará conocer una dirección IP, una lista de nombres de usuario y contraseñas, y el nombre del servicio con el que está intentando autenticarse.

Por lo general, varias contraseñas están contenidas en un archivo de diccionario de contraseñas. Se conoce como un diccionario porque normalmente contiene en cualquier lugar de miles a millones de palabras. La mayoría de las personas usan palabras y pocas variaciones de letras, como usar el número 5 en lugar de la letra S. Estos diccionarios recopilarán tantas palabras como sea posible, y por esta razón los hackers profesionales construyen sus propios diccionarios a lo largo de los años. Obviamente esto toma mucho tiempo para crear, pero una vez que tienes acceso a tantas contraseñas, puedes forzar tu camino bruta en un sistema más fácilmente. Por supuesto, por ahora, como un aspirante a hacker, es posible que no tenga acceso a un diccionario tan poderoso. Sin embargo, no todo está perdido. Hay muchas listas en línea que se pueden utilizar como base inicial para un diccionario de contraseñas. Por suerte para nosotros, Kali como un sistema operativo diseñado para hackers ya contiene varias listas de palabras. Estos diccionarios se pueden encontrar en el directorio

/usr/share/wordlists. Tenga en cuenta que las listas de palabras más grandes no siempre son geniales, especialmente cuando se trabaja con un cracker de contraseñas en línea como Medusa. Estas herramientas en línea pueden intentar sólo un par de contraseñas cada segundo, lo que significa que puede tardar cerca de para siempre para ejecutar millones de combinaciones. Las galletas sin conexión, por otro lado, aman enormes diccionarios con gigabytes de contraseñas. Estas herramientas pueden ejecutar más de un millón de contraseñas por segundo. En nuestro escenario que implica un cracker de contraseñas en línea, queremos utilizar pequeñas listas que contengan solo las contraseñas más comunes.

Una vez que haya decidido qué lista de contraseñas utilizar, debe ver si tiene un nombre de usuario o varios. Si durante el reconocimiento encontró una lista de nombres de usuario, puede comenzar desde allí. Si solo encontró una lista de direcciones de correo electrónico, comience a crear una lista de nombres de usuario con usuarios potenciales derivados de la dirección. Como se mencionó anteriormente, muchas empresas crean un nombre de usuario similar que coincide con la dirección de correo electrónico. Por lo tanto, si encontró una dirección salesbob@business.com, puede usarla para crear más o menos 10 variaciones, como salesbob1, SalesBob, etc. Una vez que tenga los nombres de usuario, puede ejecutarlos a través de Medusa.

Ahora que tenemos toda la información requerida por un cracker de contraseñas en línea como Medusa, veamos cómo emitir el ataque de fuerza bruta. Escriba las siguientes instrucciones dentro del terminal:

medusa -h insert_target_IP -u nombre de usuario -P
insert_path_to_password_list -M
insert_authentication_service_to_attack

Vamos a dividir el comando en componentes. Primero tenemos que iniciar el programa con la palabra clave "medusa". La "-h" se utiliza para especificar la dirección IP que pertenece al destino. El "-u" significa un solo nombre de usuario que la herramienta utilizará durante los intentos de inicio de sesión. Si tiene más de un nombre de usuario, debe usar una U mayúscula en su lugar, seguida de la ruta de acceso al archivo de texto que contiene la lista de usuarios. De manera similar, usamos "-P" en nuestro ejemplo para decirle a Medusa que queremos usar una lista de contraseñas. Si solo tiene una contraseña, puede usar P en minúsculas en su lugar. Por último, tenemos el "-M" que se utiliza para especificar el servicio de autenticación que estamos intentando atacar.

Si ha encontrado con éxito la combinación correcta de nombre de usuario y contraseña, felicitaciones, ¡está en! Dependiendo de los objetivos de la prueba de penetración, es posible que haya completado su asignación. No siempre es tan sencillo tomar el control de un sistema, pero en muchos casos este proceso es todo lo que necesita según el la siguiente. Muchas empresas no se centran lo suficiente en la seguridad de la red y dejan suficientes migajas para que usted pueda seguir.

## Crackers de contraseña

No se puede hablar de hackear sin mencionar contraseñas y agrietamiento de contraseñas. Las contraseñas son el método más común de protección de sus datos, y por esta sola razón debe invertir tiempo en el aprendizaje de todo lo que hay que saber sobre descifrar contraseñas. Antes de seguir adelante, profundicemos y discutamos los conceptos básicos del agrietamiento de contraseñas.

Cada hacker y probador de penetración está interesado en descifrar contraseñas porque es necesario para escalar los privilegios de usuario al entrar en un sistema. Imagine este escenario. Se las arregla para entrar en el equipo del destino, pero cuando intenta descargar o modificar algunos archivos, se le denegará. ¿por qué? Porque no tienes la autorización correcta. Usted tiene la información para una cuenta de bajo nivel que no tiene el derecho de hacer ninguna modificación del sistema e incluso el acceso es limitado. ¿A qué te dedicas? En primer lugar, no te rindas. En segundo lugar, busque el agrietamiento de contraseñas, porque así es como puede obtener derechos de administrador en otro sistema. Tenga en cuenta que muchas de las herramientas de piratería y scripts de puerta trasera que necesita instalar en la máquina del objetivo requieren una cuenta administrativa.

Todo lo que necesita hacer es obtener acceso a los hashes de contraseña en el sistema del objetivo y luego utilizar una herramienta de descifrado de contraseñas como JtR para hacer el resto. JtR significa "John el Destripador", y sabes que este es un gran cracker de contraseñas debido al nombre impresionante.

Un hash de contraseña es la versión cifrada de una contraseña basada en texto y no se puede leer. La mayoría de los sistemas no mantienen las contraseñas en formato de texto sin formato, y es por eso que necesita una manera de convertirlas a texto legible. Así es como funciona el agrietamiento de contraseñas en general:

1. Busque y descargue el archivo hash.

2. Utilice un programa que convierta la contraseña cifrada en su homólogo de texto sin formato.

Este es un ejemplo para ayudarle a entender los mejores archivos hash. Supongamos que su contraseña es "password1" (esperemos que este no sea el caso). Inicias sesión y escribes "password1" en la ventana de inicio de sesión, y eso es todo, estás dentro del sistema. Sin embargo, para el propio ordenador, este proceso es un poco más complicado. Calculará, analizará y comprobará si coincide con la versión cifrada de la contraseña. Ese es el archivo hash, y a los ojos humanos parece un galimatías al azar.

El problema es que el archivo hash nunca fue diseñado para ser descifrado por alguien. Su propósito es la seguridad de la contraseña, y la ingeniería inversa el hash debe ser imposible. Por lo tanto, encontrar el hash es sólo la mitad del trabajo. No se puede utilizar directamente para iniciar sesión porque el equipo sólo buscaría cifrar el hash en sí y luego darle un inicio de sesión fallido porque no es la contraseña correcta. Usted necesita ir a través de una serie de pasos para encontrar la contraseña legible.

Tenga en cuenta que hay varios algoritmos de cifrado, y no todos los sistemas utilizan el mismo. Cuando intenta descifrar un archivo hash, primero debe elegir un algoritmo hash. A continuación, elija una palabra y cifrarla con ese algoritmo. Por último, compruebe si el hash que acaba de hacer se parece a un archivo hash que está tratando de descifrar. Si son los mismos, felicitaciones, encontró la contraseña porque no hay tal cosa como palabras diferentes que dan lugar al mismo hash.

Esto puede parecer una tarea imposible, y lo es si eres humano. Sin embargo, pasar por todos estos pasos no es nada para un equipo moderno. La velocidad a la que funciona un cracker de contraseñas depende principalmente del hardware de su máquina. JtR incluso tiene una característica útil que le permite probar la capacidad de su computadora mediante la ejecución de una prueba. Los resultados se mostrarán en grietas por segundo. Pruébelo abriendo el terminal y navegando al siguiente directorio:

cd /usr/share/john

Ahora puede indicar a JtR que pruebe las grietas de su hardware por segundo. Tipo:

john -test

Debería recibir una lista de varias métricas de rendimiento que le indicarán lo eficiente que es su equipo para generar grietas de contraseña dependiendo del algoritmo elegido.

### *Agrietamiento de contraseña local*

Tenga en cuenta que puede realizar el agrietamiento de contraseñas tanto como un ataque local, así como un ataque remoto. En esta sección nos centraremos en el agrietamiento de contraseñas locales, ya que este método le permite aprender las principales técnicas.

El primer paso es encontrar la ubicación del archivo hash que contiene las contraseñas cifradas. La mayoría de los equipos almacenan todos estos archivos en el mismo directorio. Por ejemplo, en sistemas que utilizan Windows, puede encontrar los hashes almacenados dentro de un archivo de administrador de cuentas de seguridad, SAM para abreviar. Este archivo se encuentra generalmente dentro del directorio de C:-Windows-System32-Config. El siguiente paso es extraer las contraseñas cifradas, sin embargo, el archivo SAM está protegido por lo que primero tenemos que pasar por alto sus defensas. Hay dos protecciones en su lugar. El primero nos impide acceder al archivo cuando se ejecuta el sistema operativo. El segundo oculta el archivo SAM de nosotros al no hacerlo visible. Sin embargo, ambas medidas de seguridad se pueden omitir.

Ya que estamos discutiendo el agrietamiento de contraseñas locales, tenemos acceso a nuestro sistema directamente. Esto nos da la solución más fácil. Simplemente podemos pasar por alto el bloqueo de archivos arrancando el sistema a un sistema operativo diferente como Linux. De esta manera, el sistema operativo principal no se está ejecutando técnicamente, por lo tanto, el bloqueo ya no está en su lugar. A continuación tenemos que lidiar con el cifrado de archivos, y Kali tiene la herramienta adecuada para eso. Vamos a discutir todo el proceso en detalle.

Lo primero que debe hacer después de arrancar en un sistema operativo alternativo es conectar el disco duro local que contiene el directorio de Windows. Abra el terminal y escriba:

montaje /dev/sda1 /mnt/sda1

Una vez montada la C: unidad que contiene el sistema operativo, ahora puede navegar por los archivos de Windows y encontrar el archivo SAM. Puede lograr esto escribiendo:

cd /mnt/sda1/Windows/system32/config

Ahora debe estar dentro del directorio que contiene el archivo hash. Para ver el archivo SAM, debe utilizar la instrucción "ls" dentro del terminal, que, como recuerda, se utiliza para enumerar todo el contenido de una carpeta.

El siguiente paso es extraer los hashes del archivo SAM. Puede hacerlo con la herramienta Samdump2. Hemos omitido correctamente el primer bloqueo de seguridad, pero el archivo que contiene los hashes sigue cifrado. Samdump2 utiliza un archivo de sistema que se encuentra en la misma carpeta que nuestro archivo SAM para descifrarlo. Escriba el siguiente comando en el terminal:

samdump2 sistema SAM > /tmp/myhashes.txt

Llamamos a la herramienta Samdump2 para guardar los resultados dentro de un archivo de texto llamado "myhashes.txt", que se creará dentro del directorio "tmp".

Ahora que guardamos el archivo hash, el siguiente paso es transferirlo desde la unidad Kali. Hasta ahora ha trabajado en una unidad "en vivo", y si reinicia el sistema, perderá los archivos que ha creado. Así que asegúrese de enviarse un correo electrónico o utilizar una unidad flash para transferir los hashes de contraseña.

Ahora puede comenzar el proceso de agrietamiento de contraseñas con la ayuda de JtR. Como recordatorio, esta herramienta puede descifrar la contraseña de dos maneras: incluso con fuerza bruta pasando por todas las combinaciones de letras posibles hasta que se encuentra la contraseña, o mediante el uso de diccionarios de contraseñas. El problema con los diccionarios es que necesitan contener la palabra exacta, o la contraseña no se encontrará. Si la palabra existe dentro de la lista, el proceso de agrietamiento de contraseña será demasiado rápido. Sin embargo, el segundo método que implica combinaciones de letras puede tomar mucho tiempo. La ventaja de esto es que la contraseña se encontrará sin importar qué. El único componente clave de este proceso es el tiempo. El ordenador continuará haciendo combinaciones de letras hasta que se encuentre la palabra correcta. Para darle una idea, comenzará intentando "a" como contraseña. Si eso no funciona, va a "aa", luego aaa, y así sucesivamente. Ahora vamos a ejecutar nuestro archivo hash a través de JtR escribiendo:

john /tmp/myhashes.txt

Aunque John es genial para asumir qué tipo de contraseña queremos descifrar, siempre debemos indicarle qué tipo de contraseña procesar. Recuerde que dijimos que hay varios formatos de hash y JtR puede descifrar la mayoría de ellos, si no todos ellos. En nuestro ejemplo, le diremos al programa que dirija hashes NTLM porque estos son los hashes más utilizados por las versiones modernas de Windows. Escriba el siguiente comando dentro del terminal:

john /tmp/myhashes.txt --format-nt

Se considera la mejor práctica especificar siempre el formato en lugar de permitir que el programa decida por sí mismo. En este caso usamos "--format" para llamar al formato y "nt" hace referencia a los hashes NTLM. Si desea especificar un tipo diferente de hash, debe buscarlos en línea y encontrar la palabra clave adecuada para ellos.

Ahora la herramienta intentará descifrar la contraseña dentro del archivo hash. Si funciona, debería ver la contraseña que se muestra en la pantalla. El resultado debería tener un aspecto similar al siguiente:

Cargado 4 hashes de contraseña sin sales diferentes (NT MD4 [128/128 SSE2 + 32/32])
        (Guest)
contraseña (Administrador)
ilovecats(Kate)
charlie(Tom)

maestro de caza (Daniel)

conjeturas: 4time: 0:00:00:00 DONE c/s: 804300

Como puede ver, John muestra las contraseñas de texto sin formato en la columna izquierda, junto con los usuarios coincidentes en el lado derecho.

Recuerde que este método de agrietamiento de contraseñas solo funciona si tiene acceso directo al sistema. En otras palabras, usted tiene que estar físicamente frente a la computadora. Practique el agrietamiento de contraseñas locales hasta que pueda realizar todos los pasos en pocos minutos sin buscarlos.

### Restablecimiento de contraseña

El agrietamiento de contraseñas no es la única manera de derrotar las contraseñas. Otra técnica eficaz para obtener acceso al sistema de alguien es el restablecimiento de contraseña, que también es un ataque local. Esto significa que, al igual que con el agrietamiento de contraseña local, el hacker necesita tener acceso físico a la computadora.

El restablecimiento de contraseña puede ser muy eficaz, pero también puede ser ruidoso y detectable. Mientras que el agrietamiento de contraseñas también requiere la interacción física con el equipo de destino, la metodología detrás de ella es un poco sigilosa y no deja rastro que se puede seguir de vuelta al hacker. Tenga en cuenta que el acceso local no es tan difícil de obtener. Todo lo que un hacker realmente necesita es un par de minutos a solas con la computadora. Ni siquiera es necesario hackear las contraseñas hash localmente. En su lugar, se pueden transferir a una unidad flash y luego traducirse a texto sin formato en cualquier sistema.

El restablecimiento de contraseña, por otro lado, le permite sobrescribir el archivo hash y crear cualquier contraseña nueva. Esta acción se puede realizar sin siquiera conocer la contraseña original en absoluto. Todo lo que necesita es acceso físico al equipo de destino. Sin embargo, ten en cuenta que el objetivo sabrá sobre el ataque. Una vez que cambie la contraseña, será obvio que alguien manipuló el sistema. Así que asegúrese de tener la autorización adecuada para utilizar esta técnica, de lo contrario puede terminar teniendo problemas legales graves.

El primer paso del restablecimiento de contraseña es idéntico al agrietamiento de contraseña local. Es necesario arrancar la máquina a una unidad con Kali en él. A continuación, debe abrir el terminal y montar la unidad que contiene el archivo SAM. El siguiente paso difiere del agrietamiento de contraseña porque usaremos la instrucción "chntpw" para restablecer la contraseña. Aquí es cómo debe verse el comando si desea restablecer la contraseña del administrador en el equipo de destino:

chntpw -i /mnt/sda1/WINDOWS/system32/config/SAM

El primer comando habilita la herramienta de restablecimiento de contraseña. A continuación te escribimos "-i" para poder interactuar con el programa y decidir qué usuario restablecer. El resto de la línea de comandos hace referencia a la carpeta montada que contiene el archivo SAM en el equipo de destino. Una vez que ejecute este comando, tendrá que pasar por varias opciones que le permiten restablecer la contraseña para el usuario que eligió. Las opciones están claramente descritas, así que tómate un tiempo para leerlas y responder en consecuencia. Tenga en cuenta que, por lo general, hay opciones predeterminadas habilitadas y que solo puede continuar. Sin embargo, debe tomarse el tiempo para familiarizarse con las opciones.

Por ejemplo, la primera pregunta debe ser "¿Qué hacer [1]?" Justo encima de esta pregunta debería ver algunas opciones que tienen una letra o número correspondiente delante de ellos. Puede elegir la opción escribiendo la letra o el número y pulsando la tecla "Enter". El 1 entre corchetes al final de la pregunta simplemente representa la respuesta predeterminada que el programa ha elegido.

Vamos a continuar con el ejemplo y elegir la opción 1, que es "editar datos de usuario y contraseñas." La siguiente ventana debería mostrar una lista de todas las cuentas de usuario disponibles. Puede seleccionar al usuario escribiendo el nombre mostrado. Por ejemplo, puede escribir "Administrador" y pulsar "Enter" para elegir el usuario administrador. A continuación, tendrá que editar el usuario. Por lo general, no se recomienda ir con la opción predeterminada aquí. Debe seleccionar la primera opción que borra la contraseña. Recibirá un mensaje de "contraseña desactivada", después de lo cual puede optar por restablecer la contraseña para otro usuario. Ahora puedes salir del programa.

¡Eso es todo! Se ha restablecido la contraseña. Si reinicia el sistema, podrá iniciar sesión en esa cuenta de usuario sin escribir ninguna contraseña. Sigue practicando esta técnica, porque deberías ser capaz de hacerlo en menos de cinco minutos. Recuerde que esto sólo se puede hacer localmente, por lo que cada segundo es precioso delante de la máquina de otra persona.

# Capítulo 7

## Explotación basada en la Web

Ahora que sabe cómo funcionan los ataques de exploits de red, es hora de explorar también la explotación basada en la web. Hoy en día, todo está conectado a Internet de una manera u otra, por lo tanto, los exploits web son extremadamente comunes. Sería difícil encontrar una empresa que no tenga presencia web. En los viejos tiempos los sitios web eran extremadamente básicos, codificados mediante el uso de sólo HTML y ningún otro lenguaje de programación más complejo. Estaban compuestos de páginas estáticas simples. Los sitios web de hoy en día, sin embargo, implican programación compleja, bases de datos mixtas y servidores de autenticación. Cada tipo de computadora, ya sea un teléfono inteligente o un escritorio, está conectado a Internet.

Debido a esta fuerte expansión en el mundo en línea, necesitamos entender y desarrollar aún más los medios de explotación basados en la web. Por ejemplo, los equipos solían tener procesadores de texto y otras herramientas como Microsoft Office instalados y utilizados localmente. Ahora, muchas de estas herramientas existen en la nube y, por lo tanto, ya no requieren ninguna instalación local. Un ejemplo común de esto es Google Docs. Todo está conectado ahora, y es importante que el aspirante a hacker ético entienda completamente los conceptos básicos de la explotación basada en la web.

En este capítulo vamos a discutir los conceptos básicos del hacking web y algunos conceptos como arañas e inyecciones de código. Como siempre, tómese el tiempo para explorar todas las técnicas y practicarlas hasta que ya no necesite utilizar hojas de trucos.

## Los fundamentos del hacking web

Hay muchos marcos de hacking basados en la web y herramientas diseñadas para la piratería de aplicaciones web. Sin embargo, realmente no importa lo que utilices siempre y cuando entiendas lo básico, porque la mayoría de ellos funcionan exactamente igual. El propósito es tener la funcionalidad necesaria para atacar la web. En términos básicos, esto funciona accediendo a cualquier sitio web a través de su navegador como de costumbre, pero utiliza un proxy para enviar el tráfico. De esta manera, puede recopilar y examinar todos los datos que envíe y reciba desde cualquier aplicación. Echemos un vistazo a algunas de las funcionalidades más importantes que necesita para obtener de estas herramientas con el fin de ser un hacker web eficaz.

## Solicitudes de interceptación

Ser capaz de interceptar solicitudes tan pronto como salen de su navegador es una funcionalidad de kit de herramientas muy valorada. La idea general es utilizar un proxy de interceptación como la clave que le da el poder de modificar cualquier variable antes de llegar al destino de destino, que es la aplicación basada en web. Este proxy de interceptación es una herramienta que casi todas las herramientas de piratería web proporcionan. ¿Cómo funciona?

En la base de todas las transacciones web, hay una aplicación alojada en un servidor web. Su propósito es aceptar las solicitudes de su navegador y mostrar las páginas de acuerdo con estas solicitudes. Las solicitudes contienen una serie de variables que determinan la página que se debe devolver al explorador. Por ejemplo, cada vez que está haciendo algunas compras en línea, estas variables dictan lo que agregó a su carrito de compras y qué información de pago recuperar. Como hacker o probador de penetración, puedes aprovechar estas variables, ya que con una herramienta de hackeo web puedes modificarlas. Esto significa que puede crear nuevas variables, editar las existentes o eliminarlas por completo.

## *Búsqueda de todas las páginas web*

Cuando te preparas para un ataque basado en la web, primero debes preparar el campo de batalla. Esto se hace con herramientas que le dan la capacidad de encontrar todas las páginas relevantes, directorios y archivos que forman parte de la aplicación web de destino. La herramienta que proporciona esta funcionalidad se conoce como un programa de "spidering". Todo lo que necesita hacer es insertar la URL de la página web y la araña se desatará. Suena bastante dramático, pero hay que entender que este método de recopilación de información web no es sutil.

La herramienta hará miles de solicitudes de sitios web a la vez. La araña recibirá código HTML cada vez que realice una solicitud. Ese código se analiza, y si se descubren más enlaces web, la araña enviará más solicitudes a todos esos enlaces. Eventualmente, toda la información del sitio web será analizada y catalogada por la araña. Las solicitudes web se enviarán hasta que se descubra cada campo de ataque. Sin embargo, tenga en cuenta que la araña seguirá absolutamente cada enlace que encuentre. Esto incluye los enlaces de cierre de sesión. Cuando eso sucede, la araña realmente cierra sesión en el sitio web sin avisarlo. Esto significa que si no tiene cuidado, es posible que pierda información potencialmente valiosa que no se descubrió debido al vínculo de cierre de sesión. Siempre analice el contenido que fue arañado para asegurarse de que se exploraron todas las áreas que le interesan.

Las herramientas de spidering también le permiten controlar en qué directorios de páginas web deben centrarse. Esto le da más control y le permite analizar el objetivo con más precisión.

### *Análisis de respuestas para vulnerabilidades*

La tercera funcionalidad más importante que debe buscar es la capacidad de analizar las respuestas que provienen de aplicaciones web. ¿Recuerdas los escáneres de Nessus que hicimos antes? Este proceso es similar, pero se aplica a la aplicación basada en web. El objetivo es encontrar vulnerabilidades.

Al modificar las variables con la ayuda del proxy de interceptación, la aplicación de destino le responderá. A continuación, la herramienta examinará todas estas respuestas para buscar cualquier tipo de vulnerabilidad en la aplicación. Muchas vulnerabilidades pueden ser detectadas por un escáner automatizado de vulnerabilidades basado en web, sin embargo, algunas de ellas no se notarán. Por suerte para nosotros, sólo estamos interesados en los que podemos encontrar fácilmente. ¿por qué? Simplemente porque muchos de ellos se pueden utilizar para realizar un ataque de inyección SQL, por ejemplo. Una herramienta automatizada podría no encontrar todas las vulnerabilidades críticas, pero suficiente de ellos nos resultará útil.

### Spidering

El concepto de araña o spidering es probablemente uno de los más importantes en la piratería web. En esta discusión, vamos a utilizar un marco que ya está instalado en Kali, a saber, WebScarab. Esta herramienta es amada por muchos hackers y probadores de penetración porque es modular. Esto significa que puedes personalizarlo con la ayuda de plugins hasta que se adapte perfectamente a tus necesidades. Ahora vamos a discutir más sobre WebScarab en su configuración predeterminada.

Como ya hemos mencionado, las arañas son perfectas para rastrear a través del sitio web de un objetivo con el propósito de analizar enlaces y páginas web. Como resultado, obtenemos datos útiles que se pueden utilizar para obtener acceso a páginas o archivos restringidos. Abra el terminal y activemos WebScarab escribiendo:

webscarab

No empieces a desatar las arañas todavía. En primer lugar, debe asegurarse de que está ejecutando el programa con su "interfaz con todas las funciones." Algunas versiones de la herramienta se inician con la interfaz lite, y eso no es lo suficientemente bueno para nuestros propósitos. Puede comprobar si esta opción está marcada haciendo clic en la pestaña "Herramientas". Ahora que el programa está habilitado, tendrá que utilizar un proxy configurando primero su navegador. El propósito de esta acción es forzar que todo el tráfico web se ejecute a través de WebScarab como si se tratara de un filtro. La herramienta podrá manipular cualquier tráfico web en curso.

Para configurar el navegador web para utilizar un proxy, debe ir a través de sus opciones de red. En nuestro ejemplo usaremos Firefox, así que ve a Edición > Preferencias y luego haz clic en la pestaña Avanzado, seguido de la pestaña Red. Si está utilizando un navegador diferente, la ruta de configuración debe ser similar. Sólo tienes que buscar cualquier pestaña relacionada con las opciones de red. Una vez que estés dentro del menú Red, haz clic en Configuración. Se abrirá una ventana Configuración de conexión y la usarás para configurar Firefox para que use WebScarab como proxy. Ahora marque la casilla para "Configuración manual del proxy" y teclee 127.0.01 dentro del campo del proxy HTTP. A continuación, debe escribir 8008 en el campo Puerto. Por último, debe marcar la casilla "Usar este servidor proxy para todos los protocolos" y luego hacer clic en "Aceptar" para aplicar todos estos ajustes.

A partir de ahora, todo el tráfico web se dirigirá a través de WebScarab como el intermediario. Sin embargo, tenga en cuenta que la herramienta debe estar activa para que pueda navegar a través de cualquier sitio web. Si desactiva WebScarab, recibirá un error de conexión cada vez que intente ir a un sitio web porque configuramos la configuración de red para usarla como proxy. Otra cosa que debe tener en cuenta es que todos los sitios web mostrarán un mensaje de "certificado no válido". No preste atención a esa advertencia, porque es normal encontrarla cuando se utiliza un proxy.

Ahora que ha configurado todo, puede iniciar el proceso de araña. Escriba la dirección web de su destino en el campo URL. Tan pronto como se cargue el sitio web, se ejecutará a través de WebScarab. Ahora puede cambiar a nuestro programa de araña, donde debería ver la dirección web que ingresó anteriormente. Con el fin de arañar su objetivo que necesita para hacer clic derecho en la URL dentro de la herramienta y seleccionar "Spider Tree." Ahora puede explorar todos los archivos relacionados con el sitio web. Asegúrese de examinarlos bien, ya que es posible que encuentre información filtrada que puede resultar útil para el ámbito de la prueba de penetración.

### *Solicitudes de interceptación*

Recuerde que nuestra herramienta WebScarab actúa como filtro entre su navegador web y el servidor web del destino. Todo el tráfico de Internet fluye a través de esta herramienta, y esto nos da la capacidad de interactuar con los datos antes de que entre en el navegador y antes de que se vaya también. ¿Qué significa esto para nosotros? Obtenemos el poder de hacer cualquier cambio que queramos a cualquier información que esté en tránsito. Todavía hay muchos sitios web por ahí que se desarrollan con mala codificación y dependen de campos ocultos para comunicar información desde y hacia el cliente web. En tal caso, el programador probablemente asumió que el usuario no podía acceder a estos campos ocultos. Sin embargo, con la ayuda de una herramienta como WebScarab, podemos manipular esta información. Vamos a discutir un escenario para obtener una mejor comprensión de cómo podemos aprovechar esta funcionalidad.

Supongamos que estamos comprando algunas cañas de pescar en una tienda en línea que ha sido mal codificada como se describió anteriormente. Navegamos por el sitio web, elegimos nuestro producto y lo añadimos al carrito de la compra donde vemos que se nos cobrarán $100. Ahora, si estamos ejecutando un servidor proxy, es posible que veamos un campo oculto que se utiliza para enviar el valor de $100 al servidor web cuando se presionó la opción "añadir al carrito". Debido a que estamos ejecutando el sitio web a través de WebScarab, podemos ver este campo oculto e incluso modificar la variable almacenada en su interior. Simplemente podemos cambiar el valor de $100 a $1. Esto es lo que se puede lograr con la herramienta WebScarab, sin embargo, tenga en cuenta que no hay tantos sitios web alrededor que están tan mal codificados. No importa el caso, vale la pena pasar por un ejemplo de este tipo para demostrar el poder de interceptar solicitudes con la ayuda de un programa como WebScarab.

Ahora vamos a usar esta herramienta como interceptor. Para este proceso tendrá que cambiar WebScarab de nuevo a la interfaz lite. Vaya al panel Herramientas y seleccione "Usar interfaz lite." A continuación, debe ir al menú "Interceptaciones" y comprobar las opciones para "Intercept requests" y "Intercept responses." Ahora cambia a Firefox, o al navegador de tu elección. Ahora puede cambiar el valor de un campo permitiendo que WebScarab simplemente intercepte la solicitud y, a continuación, encuentre la variable que desea cambiar. Escriba el nuevo valor, pulse el botón 'Insertar' y ya está!

### Ataques de inyección SQL

Los ataques de inyección de código han sido comunes en el mundo en línea durante años. Hay muchos tipos de inyecciones de código, pero ya que nuestro propósito es dominar los conceptos básicos de las hackeos sólo discutiremos la inyección SQL, que es un clásico que todavía se utiliza hoy en día. Las inyecciones SQL se utilizan principalmente para omitir las autenticaciones web, sin embargo, también se pueden usar para ver y manipular ciertos tipos de datos.

La mayoría de las aplicaciones basadas en web que se ejecutan hoy en día utilizan un lenguaje de programación interpretado y tienen algún tipo de base de datos back-end que se utiliza para almacenar datos o generar algún tipo de contenido dinámico. SQL es un ejemplo de un lenguaje de programación interpretado popular y se utiliza en muchos sitios web, como tiendas en línea.

Piense en el proceso de hacer una compra en una tienda en línea. Digamos que buscas una caña de pescar. Usted va a una tienda en línea que vende productos al aire libre, y escribe "barra de pesca" en su motor de búsqueda. Después de pulsar el botón "buscar", la aplicación tomará sus datos (barra de pesca) y construir una consulta con el fin de buscar a través de la base de datos para cualquier cosa que contiene las palabras "barra de pesca." Cualquier cosa con estas palabras clave se le devolverá en forma de resultado.

Mediante el uso de SQL, podemos interactuar con la información dentro de una base de datos e incluso modificarla si así lo deseamos. Tenga en cuenta, sin embargo, que hay varias versiones de SQL y no todas las tiendas en línea utilizan la misma. Por ejemplo, una instrucción MySQL no coincidirá con una instrucción MSSQL u Oracle. En esta sección, solo discutiremos cómo interactuar con aplicaciones que usan SQL. Si entiende los conceptos básicos, siempre puede ampliar sus conocimientos explorando MSSQL o MySQL también.

Mediante el uso de nuestro ejemplo anterior de "barra de pesca", vamos a discutir cómo se vería la consulta SQL en segundo plano. Este es un ejemplo:

SELECT * DESDE EL producto WHERE category á 'fishing rod';

En este ejemplo tenemos el primer verbo "SELECT" que indica a SQL que busque dentro de una tabla. El símbolo "*" se utiliza para devolver todas las columnas dentro de la tabla. La siguiente palabra "FROM" se utiliza para especificar la tabla. Por último, tenemos "WHERE" para especificar qué fila se debe devolver y mostrar. En otras palabras, el comando "SELECT" encontrará la tabla "producto" y devolverá todas las filas que contienen las palabras "barra de pesca" de la columna "categoría". Lo que es importante tener en cuenta en esta consulta es que todo lo que queda del signo igual (o) fue creado por el programador original de la aplicación, mientras que todo en el lado izquierdo es una instrucción que viene del usuario.

Podemos usar este conocimiento para hacer que la aplicación se comporte de una manera no intencionada. En lugar de escribir "barra de pesca" dentro del cuadro de búsqueda del sitio web, escribamos:

«caña de pescar» o 1 o 1o 1--

En este ejemplo usamos comillas simples para cerrar la cadena que contiene las palabras "barra de pesca" y después agregamos un comando (1 a 1--) que se ejecutará. La instrucción "o" que agregamos en el cuadro de búsqueda es en realidad una condición en SQL que se usa para devolver registros cuando cualquiera de las dos instrucciones es true. Los símbolos "--" al final de la línea se utilizan para indicar a SQL que todo lo que está más allá de ella debe omitirse. Esta es la manera de evitar que cualquier otro código posiblemente se entromete con nuestro comando. La nueva declaración que hicimos en realidad le dice al programa que devuelva todo el contenido de la tabla donde la categoría es igual a "barra de pesca" o "1 a 1". Puesto que la instrucción "1 1" es obviamente verdadera, recibiremos todo lo que está contenido dentro de la tabla. Esto puede parecer un ataque aburrido porque en lugar de obtener resultados de "barra de pesca" simplemente recibimos todos los resultados, pero puede ser útil en un escenario diferente.

Recuerde que SQL se utiliza para realizar la autenticación para muchas aplicaciones web. Vamos a explorar un ejemplo diferente. Supongamos que un amigo suyo creó un sitio web que sus socios comerciales utilizan para enviar o descargar archivos importantes. Todos ellos tienen sus propias cuentas únicas que son necesarias para tener acceso a los datos. Este amigo sabe que usted es un hacker ético, por lo que le pide que realice una prueba de penetración contra su sitio web. Ahora vamos a utilizar el mismo principio que en el ejemplo anterior para eludir el sistema de autenticación del sitio web. Comience escribiendo el siguiente texto dentro del cuadro de texto de nombre de usuario:

'o' 1 á 1--

Cuando no conoce el nombre de usuario de la cuenta, puede usar la instrucción anterior, que siempre resulta en true. Al hacer esto en lugar de escribir un nombre de usuario, la mayoría de las bases de datos SQL elegirán la primera cuenta de usuario. En muchos casos, el primer usuario de la lista es el administrador que tiene derechos completos sobre el sistema. La mejor parte del uso de este método, sin embargo, es que ni siquiera necesita conocer la contraseña de la cuenta. Escriba cualquier contraseña aleatoria, porque la base de datos la ignorará. ¿por qué? Debido a la parte "--" de nuestra declaración. Recuerde siempre que todo después de esos símbolos será comentado y, por lo tanto, no se actuará sobre ellos. Esto incluye la contraseña.

Si usted conoce el nombre de usuario, sin embargo, y usted quiere acceder específicamente a él por cualquier razón usted puede hacerlo con el mismo comando. Simplemente escriba la instrucción en el campo de contraseña en su lugar y debido a que "1-1" siempre es cierto, la aplicación pensará que la contraseña es correcta y obtendrá acceso a la cuenta especificada.

Vale la pena señalar que la inyección SQL es cada vez más difícil de encontrar porque más y más sitios web se desarrollan con este método de ataque en mente. Sin embargo, vale la pena aprender porque muchas pequeñas empresas todavía funcionan con sistemas antiguos y aplicaciones web antiguas. Nunca sabes cuándo necesitarás usar esta arma clásica.

# Capítulo 8

# Post explotación

El último paso de una buena prueba de penetración implica el mantenimiento de acceso desde un sistema remoto. En otras palabras, es importante dejar una puerta trasera al sistema del objetivo en caso de que desee explotarlo de nuevo en el futuro. Tenga en cuenta que la postexplotación es algo que las empresas quieren prohibir incluso que sus probadores de penetración contratados realicen. Mucha gente tiene miedo de que estas puertas traseras puedan ser encontradas por alguien con intención maliciosa, así que siempre asegúrese de tener la autorización del cliente para continuar con este paso.

Muchas organizaciones quieren un informe para saber si la postexplotación es posible y qué riesgos conlleva. Saben que hoy en día muchos hackers de sombrero negro están interesados en mantener la conexión y absorber tantos datos confidenciales como sea posible. Los días de hackear un sistema rápidamente y tomar todo en minutos han terminado. Este cambio en el comportamiento hace que sea crítico para usted entender cómo funcionan los hackers maliciosos al crear una puerta trasera.

Pero, ¿qué es exactamente una puerta trasera cuando se trata de hackear? Es un script o una aplicación que el atacante deja en el equipo del destino. Esta herramienta se ejecutará en segundo plano desapercibido y permitirá que el hacker se conecte a la máquina cuando lo desee. Tenga en cuenta que una puerta trasera sólo será útil siempre y cuando se esté ejecutando activamente. En muchos casos puede perder el acceso (el shell) cuando se reinicia el equipo. Sin embargo, no todo se pierde, porque se puede mover el shell a una ubicación permanente, y esto se hace con la ayuda de puertas traseras.

En este capítulo discutiremos la creación y el mantenimiento de una puerta trasera que nos permite volver a conectar nos a la máquina del objetivo en cualquier momento. También discutiremos rootkits, que son herramientas que pueden realizar varias tareas sigilosamente.

## Uso de Netcat

Esta es una herramienta básica que se utiliza para mantener la comunicación entre un ordenador y otro. Se puede utilizar como software de puerta trasera, pero hay otras funcionalidades para él. Puede utilizar Netcat para realizar análisis de puertos, transferir archivos y mucho más. A los efectos de este capítulo, vamos a cubrir los conceptos básicos para comenzar.

Netcat puede funcionar en dos modos distintos. Uno es el modo de cliente, que le permite hacer una conexión de red, y el otro es el modo de servidor, que acepta cualquier conexión entrante. Veamos un ejemplo básico de uso de Netcat. Vas a necesitar dos máquinas para esto. Comenzaremos configurando para que funcione como un canal de comunicación entre dos ordenadores. Para que esto funcione, debe ejecutarlo en modo de servidor y conectarse a cualquier puerto. Por el bien de este ejemplo, asumiremos que nuestro dispositivo de destino está ejecutando Linux. Escriba el siguiente comando:

nc -l -p 1337

Vamos a desglosarlo para entender lo que hace este comando. Comenzamos iniciando la herramienta Netcat con el comando "nc". A continuación, usamos "-l" (esto es una L, no 1) para habilitar el modo de escucha, también conocido como modo de servidor. Ahora el programa esperará una conexión al puerto 1337. Ahora vamos a cambiar a nuestro equipo de ataque y escribamos el siguiente comando para crear la conexión con el agente de escucha:

nc 192.142.42.121 1337

Esto hará que Netcat conecte con el puerto 1337 en el dispositivo con la dirección IP 192.142.42.121. Las dos máquinas ahora deben estar conectadas y ser capaces de comunicarse entre sí. Pero, ¿cómo sabemos que esto funcionó? Utilice cualquiera de los dos equipos, abra el terminal y escriba algo. Lo que escriba en una máquina también se mostrará en la otra. Para eliminar la conexión, simplemente presione CTRL + C. Si bien este uso básico de Netcat es interesante, probablemente nunca lo usarás como un sistema de chat, así que vamos a ver cómo podemos usarlo para transferir archivos en su lugar.

Podemos transferir archivos entre dos ordenadores con la ayuda de Netcat, pero no queremos explotar el objetivo más de una vez. El propósito de esta acción es explotar el sistema y luego dejar una puerta trasera para usar más adelante. Entonces, ¿cómo enviar un archivo desde su computadora al destino? Mientras Netcat siga ejecutándose en el segundo equipo, escriba:

nc -l -p 6666 > virus.exe

Usamos esta línea para decirle al equipo de destino que escuche en el puerto 6666. Cualquier cosa que se reciba a través de ese puerto se almacenará en un archivo llamado "virus.exe". Ahora cambie a su máquina de ataque y especifique qué archivo desea enviar. Puede enviar cualquier tipo de archivo que desee, ya que no está limitado por extensión. Si está ejecutando Linux, es posible que no tenga un archivo .exe, así que envíe algo más. Así es como debe verse el comando:

nc 192.142.42.121 6666 > virus.exe

Puede cambiar a su equipo de destino y utilizar el comando "ls" para enumerar el nuevo archivo que recibió.

Toda esta operación puede ser útil durante su prueba de penetración cuando no puede revelar el servicio detrás de algunos de los puertos con las técnicas que usamos en capítulos anteriores. Puede utilizar Netcat para formar una conexión con el destino y, a continuación, conectarse al puerto desconocido. A continuación, puede enviar cierta información simplemente escribiendo algo. El destino responderá y, en función de la forma en que responde, puede determinar el servicio que ejecuta el puerto.

A continuación, podemos usar Netcat para interactuar con un proceso a través de una conexión remota. De esta manera, puede manipular el proceso como si estuviera sentado frente al equipo de destino. Todo esto se puede hacer con el interruptor "-e" que se utiliza para ejecutar cualquier programa que especifiquemos. Esta es también la forma en que creamos una puerta trasera. Comenzamos usando el modificador "-e" para enlazar el shell de comandos desde el equipo de destino a cualquier puerto. Más adelante podemos crear una conexión a ese puerto y forzar el programa que aparece después de que se inicie el modificador "-e". Escriba el siguiente comando para ver esto en acción:

nc -l -p 1111 -e /bin/sh

Este comando traerá un shell a cualquiera que conecte con el puerto 1111. Recuerde que cualquier instrucción que enviemos ahora se ejecutará en el equipo de destino.

## Rootkits

Los rootkits son pequeñas herramientas simples que se pueden instalar fácilmente. Son útiles porque se pueden utilizar para ocultar varios archivos y programas tan perfectamente, como si nunca existieran. Incluso puede ocultar estos archivos del propio sistema operativo. Debido a esta funcionalidad, se utilizan principalmente para escapar de cualquier software antivirus e instalar puertas traseras o registrar información.

Los rootkits también se pueden conectar a llamadas básicas entre el sistema operativo y cualquier software. Esto les permite incluso modificar la funcionalidad básica. Imagine el siguiente escenario. Su amigo quiere comprobar qué programas y procesos se ejecutan en su equipo Windows, por lo que presiona CTRL + ALT + DEL para abrir el administrador de tareas. Mira todo el software que está operando en ese momento y luego sigue adelante. Lo que no sabía es que enviaste un programa malicioso y lo enmascaraste con un rootkit. Al enganchar un rootkit de esta manera, cuando abrió el administrador de tareas, el proceso detrás de su software malicioso desapareció. Por lo tanto, no vio nada fuera de lo común y siguió adelante.

Para el propósito de este libro, no vamos a profundizar en el uso de rootkits. Por ahora, es suficiente conocer los fundamentos de la postexplotación. Sólo tenga en cuenta que hay maneras de cubrir sus pistas y ocultar archivos y programas en la máquina de su objetivo. Su propósito es ocultar las puertas traseras que puede dejar para su uso posterior después de explotar el objetivo.

# Capítulo 9

## Envolver

Muchos nuevos hackers éticos piensan que una vez que completaron todos los pasos de una prueba de penetración se hacen y pueden llamar al cliente para discutir todos sus hallazgos y resultados. Ese no es el caso. Una vez que recopile toda la información, vaya a través del proceso de escaneo, explote el destino y cree una puerta trasera para mantener el acceso, debe presentar su informe. Ser capaz de comunicar los resultados de sus hallazgos, las vulnerabilidades que descubrió, los riesgos potenciales de no parchear estos problemas de seguridad en todo, y sus correcciones sugeridas es tan importante como la prueba de penetración en sí. Una vez más, este paso puede parecer aburrido porque es principalmente papeleo, pero no se lo saltes! El informe es la única evidencia real de todo su trabajo.

En este capítulo discutiremos con más detalle cómo escribir el informe de pruebas de penetración. Al final, también encontrará algunas sugerencias sobre qué hacer a continuación, porque sus habilidades necesitan seguir creciendo.

## Escribir el informe

Algunos aspirantes a hackers tienden a escribir sólo los resultados crudos que obtienen de todas sus pruebas y herramientas que utilizan. Algunos piensan que es suficiente. Después de todo, probablemente se dio cuenta de que la mayoría de las herramientas que ha utilizado hasta ahora tienen algún tipo de función de informe. Compilar todos esos resultados no es lo suficientemente bueno, porque la totalidad del informe se sentirá desconectado y desorganizado.

Comience proporcionando todos los datos sin procesar de cada uno de los programas que utilizó. La mayoría de las personas que leerán este informe no lo entenderán, pero es su deber incluirlo porque pertenece a sus clientes. Sin embargo, asegúrese de desglosar el informe en varias secciones. Hemos discutido este tema desde el principio, así que si necesita un refresco, ahora es el momento de volver a leer porque los examinaremos con más detalle.

### El Resumen Ejecutivo

Como se mencionó anteriormente, esta parte del informe es una visión general destinada a los ejecutivos de una empresa. No debe tener más de dos páginas y sólo debe incluir los aspectos más destacados detrás de la prueba. Aquellos que leen esta sección no están interesados en los detalles finos. Siempre tenga en cuenta que el resumen ejecutivo es leído por aquellos sin ningún tipo de formación técnica, así que asegúrese de que su redacción es apropiada para esa clase de lector.

El enfoque principal del resumen, sin embargo, debe ser acerca de los hallazgos que tienen un impacto directo y negativo en el negocio. Si ha descubierto varias vulnerabilidades y vulnerabilidades, usted debe explicar el tipo de daño que pueden hacer. Asegúrese de incluir también la referencia al informe detallado para que otros lectores puedan navegar fácilmente a las partes interesantes del informe.

No subestime la importancia del lenguaje. Deberías escribir el informe de tal manera que la propia abuela del CEO pueda entender de lo que estás hablando. Analice el propósito de la prueba y mencione la calificación de riesgo. Mantenga los datos simples y concisos.

### El informe detallado

Esta parte del informe está destinada a los administradores de seguridad, administradores de red y cualquier persona que posea habilidades técnicas en general. Esta sección será utilizada por el departamento técnico para localizar y corregir vulnerabilidades dentro del sistema.

Comience por ser honesto y directo con su audiencia y no intente exagerar su rendimiento en la piratería de sus sistemas. Puede ser tentador porque a todo el mundo le gusta presumir un poco de su éxito, pero en este caso, sólo se adhieren a los hechos. Usted debe comenzar por clasificar las vulnerabilidades que encontró en función de lo graves que son. Esto puede ser algo complicado de hacer manualmente, pero afortunadamente las herramientas que usaste, como Nessus, tienen la capacidad de clasificar todo lo que encuentran. Tener un sistema de clasificación hará que su informe sea más fácil de leer, especialmente cuando un desarrollador necesita revisar un determinado problema más de una vez.

También debe incluir capturas de pantalla para ofrecer evidencia de todas las vulnerabilidades que descubrió. Sirven como prueba para la existencia de los exploits y también ayudarán a los desarrolladores cuando se trata de parchear las cosas. Visualizar un problema puede acelerar las cosas significativamente, y el departamento de tecnología estará agradecido.

No olvide aprovechar las herramientas que utilizó y escribir mitigaciones o sugerencias sobre cómo abordar el problema. Nessus, por ejemplo, incluso le ofrecerá mitigaciones una vez que encuentre algo. Sea cual sea el caso, ofrece soluciones incluso si tienes que buscar extensamente en Google el problema. Pueden ser parches de software simples, actualizaciones de hardware o incluso algunos cambios de configuración.

Pero, ¿qué hacer si su prueba de penetración falló o no se le ocurrió ninguna vulnerabilidad o exploits de ningún tipo? Sí, esto puede suceder, incluso a los probadores experimentados. Hay muchas variables que pueden contribuir a tal resultado. Puede ser debido al alcance limitado de la prueba, presupuesto, tiempo asignado al hacker, y así sucesivamente. Sin embargo, incluso si no encuentra nada, debe escribir un informe completo.

Por último, incluya las referencias en el informe detallado que conduzcan a los datos relevantes que se encuentran en la salida sin procesar. Cuando incluya la información sin procesar que proviene de las herramientas que utiliza, será extremadamente útil para el equipo técnico de la empresa. Por lo tanto, cuando explique todo en el informe detallado, asegúrese de dejar vínculos que conduzcan a la salida sin procesar relevante.

## ¿Qué sigue?

En primer lugar, como ya se ha mencionado varias veces, usted debe practicar todo! Practica todos los conceptos básicos varias veces. Esta es su base como un aspirante a hacker, y sin práctica técnica real, este conocimiento es sólo teoría y no le ayudará mucho.

Una vez que haya dominado los conceptos básicos, tendrá una visión general de lo que la hacking etico y la penetración se trata. Usted será capaz de realizar una prueba de penetración completa por su cuenta sin ninguna hoja de trucos y luego escribir un informe profesional.

La piratería no se trata sólo de dejar que las herramientas hagan su trabajo. Hay comunidades enteras y grupos de hackers que siempre discuten estos temas y vienen con nuevas soluciones a cada problema que encuentran. Puede aprender mucho más comunicándose con otros, intercambiando consejos y discutiendo todo el proceso. Acompáñalos y aprende con ellos.

Por último, es posible que en algún momento desee ir a una conferencia de seguridad. Hay muchos hackers estafas por ahí, así que encontrar el más cercano. Sin embargo, el más famoso es probablemente DEFCON. El complejo es enorme, pero acogedor. Usted puede aprender mucho simplemente participando en las diversas charlas. Usted puede estar nervioso, ya que es sólo un principiante, sin embargo, DEFCON está abierto a todos, así que no se desanime por el nivel de su know-how.

# Conclusión

¡**F**elicitaciones! ¡Has recorrido un largo camino desde que abriste este libro por primera vez! Podría haber sido difícil, pero progresar a través del campo de la seguridad cibernética puede ser extremadamente gratificante y satisfactorio. Usted no debe estar listo para comenzar con las pruebas de penetración por su cuenta sin las ruedas de entrenamiento. Usted se convertirá en un hacker ético profesional en poco tiempo si pone el trabajo en él.

Sin embargo, el viaje aún no ha terminado. No confíe sin este contenido por sí solo, porque las pruebas de penetración son un tema tan desarrollado que puede escribir estanterías completas en él. Esta guía debe aclarar el misterio detrás de la hacking etico y guiarle a través de todos los métodos básicos de pruebas de penetración, sin embargo, leer un libro no es suficiente. ¡Debes tomar medidas! Desarrolla tus habilidades aún más aprovechando todos los recursos en línea sobre la piratería y únete a una comunidad con los mismos intereses que tú.

Con ese mensaje en mente, vamos a repasar brevemente todo lo que observemos leyendo este libro:

En la primera sección del libro, discutimos los conceptos básicos del hacking y el ciberderecho. Es importante entender la terminología básica y lo que es realmente una prueba de penetración. También pasamos algún tiempo explorando la mente del hacker sombrero negro, porque como un hacker ético tendrá que caminar en sus zapatos a veces con el fin de crear simulaciones precisas de un ataque real. También discutimos brevemente la ciberley, porque es importante que se mantenga en el lado correcto de la ley. No tome riesgos innecesarios, y siempre realice una prueba sólo si está totalmente autorizado a hacerlo.

En la segunda parte del libro, comenzamos a explorar la prueba de penetración en sí. Aprendió a trabajar con el sistema operativo Linux, cómo crear una máquina virtual y cómo utilizar el terminal que se necesita a lo largo de la carrera de un hacker. Como esta es la parte pesada del libro, usted obtuvo un amplio conocimiento sobre los cuatro pasos principales de las pruebas de penetración. Aprendiste a prepararte para el reconocimiento y a recopilar información de manera eficiente. A continuación, aprendió a realizar varios escaneos con una variedad de herramientas. Una vez que descubrió vulnerabilidades, continuó adquiriendo conocimiento sobre la explotación y obteniendo el control del sistema de un objetivo. Al final del ataque, también cubrimos brevemente los beneficios de crear una puerta trasera y mantener el acceso al sistema de alguien.

Por último, pero no menos importante, discutimos la importancia de escribir un informe de prueba de penetración profesional. No se puede subestimada lo valiosa que puede ser la comunicación de sus hallazgos para un cliente. Sus resultados tendrán un impacto directo en una empresa u organización, y el departamento de tecnología le agradece por guiarlos adecuadamente con su informe.

Hay mucha información y conocimiento que absorber, pero no dejes que el aspirante a hacker dentro de ti se deje intimidar por tales obstáculos. Usted debe mirarlo como un desafío personal, y usted será capaz de hackear cualquier cosa. Conoces todos los conceptos básicos de la hacking ético, y estás preparado para poner a prueba tus habilidades. Así que ponte tu sombrero blanco, y convertirse en el mejor hacker ético que puede ser!

www.ingramcontent.com/pod-product-compliance
Lightning Source LLC
La Vergne TN
LVHW051242050326
832903LV00028B/2524